誇り高く優雅な国、日本

El Japón Heroico y Galante

Enrique Gómes Carrillo

垣間見た明治日本の精神

エンリケ・ゴメス・カリージョ
児嶋桂子 訳

人文書院

喜多川歌麿「張見世」(部分)
(たばこと塩の博物館所蔵　本書48頁「2 吉原 廓の画家たち」参照)

序——紹介にかえて

十六世紀の「南蛮船」到来以来、少なからぬヨーロッパ人が日本見聞録を書いてきた。主なものだけでも古い順に見ていくとザビエル、フロイス、ロドリーゲス、十七世紀末のケンペル、江戸末期のシーボルト、ポンペ、明治期のハーン、ロティ、そして二十世紀に入ってからのタウトなどは多くの人が挙げる名であろう。しかし、本書の著者エンリケ・ゴメス・カリージョ（一八七三～一九二七。以下カリージョ）の名はどうか。果して挙げる人はいるだろうか。

カリージョは中米のグァテマラ市に生まれた。父親は同国の国語アカデミアの成員で歴史家、そしてなによりもスペイン貴族の血筋に誇りを覚える保守的な人物だった。ところが息子の方は逆にそうしたものにはなんらの価値も認めない、生来のボヘミアン的な反逆児だった。心痛の父親は何度か学校を替えて教育による息子の矯正を試みたが無駄だった。カリージョの奔放振りは父親への反抗だけでは済まなかった。早熟な彼は十五歳でグァテマラ駐在の某国外交官夫人とのスキャンダルを起こすかと思えば、父親の文庫にあったスペインの古典を渉猟して十六歳の時に自国の著名な詩人の作品をこき下ろす大胆な評論を新聞に発表して物議をかもした。三度の結婚、絶え間ない女性遍歴、決闘騒ぎ、好奇心の赴くままの外国旅行、そして文筆活動への傾倒。これがカリージョの生涯の彩りだった。

一八九〇年、十七歳のカリージョは後にスペイン語詩に不滅の足跡を残すニカラグアの詩人ルベン・ダリーオ（一八六七〜一九一六）と運命的な出会いをした。ダリーオは詩人の直観で六歳年下のこの怖いもの知らずの若者が秘める非凡な才能を見抜いた。詩人の進言を容れた時のグァテマラ大統領はまだ未成年のカリージョを公費でマドリードへ派遣することにした。だが、この時も彼は大統領の指示を嘲るかのようにマドリードではなくパリを目指した。後にパリ在住が知られ、改めてスペイン行を命ぜられたカリージョは一八九二年にマドリードに向かったが、ここに落ちつくことはなかった。

ダリーオの眼に狂いはなかった。マドリードとパリを行き来するカリージョは水を得た魚のようにたちまちその才能を開花させた。渡欧の翌年一八九一年には早くも処女作を発表、これが当時のスペイン文学界の重鎮で手厳しい文芸批評家でもあったクラリンから「マドリードでは見当たらないジャンルの小品」という評価を得て文壇入りを果たした。以後、次々と作品を発表したカリージョはオスカー・ワイルド、エミール・ゾラ、ポール・ヴェルレーヌ、ガブリエレ・ダヌンツィオ、ペレス・ガルドース、ブラスコ・イバーニェス、ピオ・バローハといったヨーロッパ各国の世紀末を代表する一流の文人との交流の輪を広げていった。と同時に、多種多様な話題を斬新な文体を駆使して人に読ませる内容の記事にまとめてマドリードの新聞に投稿し、多くの愛読者を獲得した。この新聞との関わり合いはやがて彼の本領となり、後にスペインの新聞界の革新児あるいは報道文学の第一人者とまで呼ばれることになる。だが、カリージョの活動はこれだけではなかった。彼は母親から学んだフランス語の知識を活かしてフランスとスペイン双方の文学作品を自らの翻訳と解説を通して相互に紹介し、交流を図った。

新聞に寄稿し、文学作品の翻訳と解説を試みるカリージョはまた文筆家でもあった。生来の文才に恵まれた彼は文芸全般への強い関心の赴くままにさまざまな主題を深い造詣に基づく視点から解釈して世に問い、文芸論に話題を提供、やがて文筆家としての評価も手にした。算えようにもよるが、著作の数は一〇〇点を超えると言われ、生前自らが編纂した全集は二七巻に及んだ。それらはスペインのみならず広くスペイン語圏で愛読され、時には世論を左右するほどであったと言う。当時、スペイン語は不毛な古典趣味の弊に陥り、生気を失っていた。ダリーオに共鳴してスペイン語の刷新を目指したカリージョが生み出した軽快で透明な散文は多くの読者に歓迎され、専門家の高い評価を得た。今日、カリージョがスペインのあの「九八年の世代」の先駆者と評され、現代スペイン語散文の生みの親の一人に算えられるのも異とされない。同じグァテマラ出身で後にノーベル賞作家となる青年ミゲル・アンヘル・アストゥリアスがパリに着くや直ちに彼に面識を求めたのも、カリージョにすでに文人としての確固たる名声があってのことであったろう。因みに、ある史料には「二十一歳でスペイン王立国語アカデミアの会員に迎えられた」とあるが、この点は最終的な確証を欠く。

冒頭に触れた三度の結婚や周囲を騒がせた決闘事件などから想像されるように、カリージョは社会の常識の枠に収まりきれる人間ではなかった。作品の一部が教会の怒りを買ってスペインとコロンビアの二人の大司教から破門を宣告されたこともあれば、生来のボヘミアン的性格と好奇心から新聞社の依頼を受ければ臆せずに長期の旅に出た。ギリシア、エジプト、エルサレムは言うに及ばず、ロシア、セイロン（現スリランカ）、中国、日本、アルゼンチンと、当時としてはまさに大旅行の名に相応しい遠隔の地にまで足を延ばした。旅先での観察で得た知見は直ちに持ち前の速筆によって原稿となり、ヨーロッパへ送られた。また旅行から帰るとすぐに旅行記の執筆に取りかかった。革命前夜のロシアを描いた『今日のロシア *La Rusia actual*』（一九〇六）、近代化が急速に進むブエノスアイレスの印象を綴った『魅惑のブエノスアイレス *El encanto de Buenos Aires*』（一九一四）、そして一九一二年にマドリードで出版された本書もこうして生まれた。因みに、本書の初版本は十一章で終わっており、今回の翻訳の底本の最後の三章はない。また日本に関しては、本書より先に刊行された『マルセーユから東京へ *De Marsella a Tokio*』（一九〇六）と『日本の魂 *El alma japonesa*』（一九〇七）の二点がある。

さて、カリージョの来日はいつのことだったのか。残念ながら一九〇五年という以外は正確なところは分からない。しかし、第六章で日露間のポーツマス条約に反対する民衆による日比谷焼討ち事件と同じ類かと思われる「ロシア正教会」――お茶の水のニコライ堂か?――放火未遂事件を「昨夜」のこととして言及しているところから、一九〇五年の九月初旬には東京にいたのはまず確かであろう。

次ぎに彼の日本滞在はどのくらいだったのか。この点についても本書は確かな手掛かりを与えてくれない。だが、滞在はさほど長くはなかったのではないか。というのも、著者が東京以外に訪れた地名として本書で言及されるのは日光が唯一であり、あとは船が寄港した神戸と船を降りた横浜である。無論、京都や奈良に足を運んだ様子はない。加えて宿泊先はまだ人口「二〇〇万」の東京で「わずか三つしかない洋式のホテルのひとつ」だった。滞在が長引けば当然に考えられる下宿か借家生活への言及はない。

第三に、最も興味ある点として来日の目的がある。無論、表向きは新聞の特派員であったが、それだけでは本書の成り立ちを説明するには不充分かと思われる。ここで我々は二十世紀初頭の世界情勢をしばらく思い起こす必要があろう。というのも、率直なところカリージョの胸中にあった来日の最大の目的は日露戦争に勝った日本を知ることにあったと考えられるからである。

五五年前の敗戦以来の日本の特殊な空気の中で、今日の我々にはそれに先立つ四〇年前の日本の勝利が世界に与えた衝撃のほどはまったく分からなくなってしまった。しかし、当時は、十九世紀半ばに世に出たフランス人ゴビノーの『人種不平等論 *Essai sur l'inégalité des races humaines*』が説くところはヨーロッパ人にとって自明の理だった。それだけにパーフェクト・ゲームとまで評される日本海海戦での日本の勝利は、白人優越説に支えられた彼等の絶対的な自信に大きな動揺を与えた。生まれこそグァテマラではあってもカリージョは白人だった。彼がこの衝撃と無縁だったとは考え難い。彼はどのように日本の勝利を受け止めたのだろうか。本書には肌の色に代表される人種へのこだわりを窺わせる言辞が散見する。これを以て今日の価値観から彼を人種差別論者と決めつける前に、第一次世界大戦後のヴェルサイユ講和会議（一九一九）に至ってもなお日本が提案した人種平等宣言が遂に受け容れられなかったという事実を思い起こす必要がある。ましてやカリージョが来日した一九〇五年の時点ではこの空気は一層濃厚だった筈である。白人、それも列強のひとつ帝政ロシアとの戦争に勝った黄色い肌の人間とその国。これを自分の眼で確かめ、その実像をヨーロッパに知らせる。そして同時に勝因を見出して自分を納得させる。白人特派員カリージョの来日の最大の動機がこの辺にあったと考えることにさほどの無理はないように思われる。

この推測は本書の内容と符合し、その特色を浮き上がらせてくれる。すなわち、本書は日本各地を訪ねて社会の諸相を伝える見聞録というよりは、ヨーロッパの文芸に精通した著者が文芸の視点から日本精神の探究を試みた一文と見なせよう。著者はそうすることで自分に納得の行く日露戦争での日本の勝因を摑もうとした。そして来日前の読書と目の前の現実と突き合わせて到達した結論は武士道だった。本書の書名に付けられた *heroico* という形容詞と、武士道に収斂する本書の内容がこれを物語っている。

こうした明確かつ深刻な来日の動機を思う時、カリージョが単なる特派員として無防備に日本に乗り込んできたのではなかったことの合点がいく。彼は訪日に備えて予め「正確で詳しい描写をした記録を山のように読んで」から日本の地を踏んだ。周知のロティ、ハーン、B・H・チェンバレンからさほど知られていないミットフォードのような人物による日本論は言うに及ばず、専門家の手による日本史と日本文学に関する研究書にも目を通した。日本の人名や作品名のローマ字転写にこそ誤りは多いものの、随所で日本の古典に言及し、その内容や作者の思想にまで踏み込んだ記述は相当なものであり、彼の事前の読書の厚みのほどを窺わせる。また詩歌や美術作品に関する自身の見解を支えているのは、次々と出てくるアストン、デュマ、マラルメなどの人名から推測される教養である。中でも詩への特別な関心と深い造詣の背後には、詩人ルベン・ダリーオの存在が指摘できるのかもしれない。

もうひとつ注目すべき本書の特徴は、性急な近代化の真っ只中にあった当時の日本が直面していたさまざまな課題に向けられるカリージョの眼である。それはやがて勃発する第一次世界大戦の戦場に赴いてその実態を『戦争日誌 *Crónica de la guerra*』と『塹壕の中で *En las trincheras*』にまとめたジャーナリストの眼である。特派員カリージョが日本で目にしたのはもはや泰平の江戸ではない。それは戦勝に沸き立つ一方でペストよりも恐ろしいとまで彼に思わせた凄まじい飢餓の実情を晒け出した帝都東京である。ヨーロッパを席捲しつつあった共産主義にカリージョがどれほどの共感を覚えていたかは不明だが、彼はこの飢餓を近代化がもたらした副産物と見做し、貧困は「日本の最も由々しい問題」だとする巷の声を耳にしてこれを書き留める。飽食の現在にあってつい一〇〇年前の日本のもうひとつの側面に思いを至らせる貴重な資料である。

今日、カリージョは先に触れたルベン・ダリーオ及び同じく詩人でキューバ独立の志士でもあったホセ・マルティー（一八五三〜一八九五）と並ぶ文筆家として評される。特にエジプト、ギリシア、エルサレム、ロシア、そして日本から書き送った連載報道記事は当時として斬新かつ貴重な情報だった。確かに本書の内容には種々の誤解もあれば、苦笑を禁じえないような筆者の一方的な思い込みもある。にもかかわらず、鋭い直観によるその日本観には独自の視点があって興味を惹かれるのも否めない。それにいかに不完全であり、時には的外れなところがあるにせよ、本書が二十世紀初頭のスペイン語圏で大いに評判となり、日本像の形成に大きな影響を持ったという見逃せない事実がある。かつて学生時代、ある年配のメキシコ人からハラキリを見たいとせがまれて驚き、当惑し、そして腹を立てた経験があるが、いまにして思えばあれも本書の落とし子だったのかもしれない。こうしたマイナス面はあっても、本書は著者の文学上の再評価と相俟って一九五九年にグァテマラで、次いで一九八五年にはコロンビアでも再版された。また一九五九年にスペインで刊行された二五〇ページもの評伝も一九九四年にグアテマラで復刊された。

一日も早い近代化の達成を目指す明治期の日本の目にはかつての「南蛮」スペインとポルトガルは視野に入らなかった。明治政府が宿願とした条約改正に逸速く応えてくれたメキシコの厚意（一八八八）も、米西戦争（一八九八）でのスペインの完敗によって霧散してしまい、日本の視野をイベリア世界にまで広げるには至らなかった。近代日本は世を挙げて英語の時代であり、その他の外国語を学ぶ日本人はごく稀だった。今日、中学生にさえその名を知られているハーンとは逆に、同じ頃四国の徳島に永住したポルトガル人作家ヴェンセスラウ・モラエス（一八五四〜一九二九）がいまもほとんど無名に近いのは、こうした外国語学習の事情とあながち無縁ではないだろう。

しかし、戦後も一九六〇年代に入ると、スペイン語は日本の大学で広く学ばれ始めた。本書の訳者はこの新しい流れに応えた一人であり、現在はグァテマラに居を構えてスペイン語世界に強い関心を持ち続けている。一世紀近くも前に書かれ、半ば忘れられていた本書を掘り起こして訳出の労を厭わなかったのも、スペイン語世界への変わらぬ思いがあってのことに違いない。*Más vale tarde que nunca*（事を成すに遅きに失するはなし）というスペイン語の格言を思い出しつつ、日本とスペイン語圏を結ぶ新たな絆がまたひとつ生まれたことを素直に悦びたい。

二〇〇一年一月

上智大学外国語学部教授
小林一宏

目次

誇り高く優雅な国、日本

——垣間見た明治日本の精神

1 東京

お辞儀と微笑み

東京……新橋駅……大都会の樹々が見えてきた。私の乗っているこの小さな汽車はマドリッドの市電より小型で軽量である。車中の雰囲気は終着駅独特のものになっている。といっても、それはヨーロッパと違って重々しくゆったりとしたものである。乗客は静かで、子供っぽいソワソワした好奇心を見せるでもなく、到着をよろこぶ様子でもない。言ってみれば、われわれが葬式のお供をして墓地の入口で馬車を降りるときの、まさしくあの感じである。座席を立つ男たちは、まず地味な色合いの着物を丁寧になでつけて皺《しわ》をのばす。それからごく小さな竹製のトランクに手を伸ばすのだが、その前に同席の二人の客にむかってお辞儀をする。それも四回、五回、六回と何度もする。これがまた、なんというお辞儀だろう。手が床に届くほどに身体を折り曲げるのだ。これこそが、昔から外国人旅行者の目をひいてやまなかった、かの有名な日本人の〈お辞儀〉である。微笑みもまた同様で、一つの動作ごとにかならず微笑む。とりわけ女性はいつも微笑みを浮かべている。若い娘より老女、さらに老女より少女の方が微笑んでいることが多い。私のこの車両には、あきらかに上流階層の、十五歳に満たないと思われる娘たちが六人ばかり乗っている。

彼女たちはちょっと見た感じでは同じ鋳型でつくられたゼンマイ仕掛けの人形のように見える。軽く紅《べに》をさした小さな口許がその紅のせいでますます小さく子供っぽい。笑っているような黒くて小さな目には、いたずらっぽい光が浮かんでいる。手はお姫様のように華奢、そして圧巻はその髪型である。大きく念入りに結い上げた髪はまるで複雑きわまりない構築物のようで、弓型、円型、螺旋《らせん》型、噴水型、ドーム型とある。娘はだれでも、この日本女性の誇りであり苦痛でもある髪型をしているわけだが、これには十六もの異なった型があるという。十六である。しかし、もちろん私にはそれぞれの微妙な違いなどわからない。

この旅の間中、ずっと彼女らに悟られないよう注意深く観察して唯一つわかったことは、最初に感じたほど彼女たちが同じではないという点だ。同じではないどころか、その表情や顔だちにはそれぞれ違いがある。横顔から——もっともこのやっと判別しうる輪郭の影を横顔と呼べるならの話だが——顔だちの種類は多いということがわかった。彼女らがみな同じに見えてしまうのは、その動作や態度のパターンのせいである。確信をもっていえるが、このパターンには十六通りはおろか六通りさえない。あるのはたった一つの型、実に一つしかない。この、ゆったりとした着物に身を包んだ、私の旅の道連れである女性たちは、横浜を発って以来ずっと、ある種の雰囲気を漂《ただよ》わせていた。それは、オートマチックダンスのあるヨーロッパの音楽喫茶に、バリッソンを気取ってつめかけるあのアメリカ人の〝シスター〟たちのグループをいやでも思い出させた。実際、どんなときでも娘たちは同じ仕種をしたし、しかもそれをまったく同じ重々しい優美さと、同じく慎《つつし》みぶかい媚態《びたい》をともなう独特のやり方でしたのだ。いま、娘たちはその手荷物である沢山の小さな漆塗りの箱を手に取ろうとして、同じさえずり声をあげ、同じお辞儀をし、同じように身をくねらせている。

憧れと現実

トーキョー、トーキョー。もう最初の家々が、花盛りの木々の間から姿を見せはじめた。やっと、私の年来の夢が現実のものとなるのだ。その夢というのは、外国人ならだれでも絵画的な描写の文章を読んではつくりあげる種類の夢である。木の壁に亀のような屋根をのせた家が見える。ガラスではなく紙を張った窓、むこうの方にはショーウィンドーなどもたない小さな店が見え、商品はすべて、地面の不思議な小箱の中に入れてある。そして絵はがきで見たとおり、信じがたい均衡を保って同じ姿勢で畳の上に座っている日本人たちがいる……。あきらかに何もかも、私が心に描いてきたとおりのものである。が、どこか精彩に欠けている。というより、詩心や色彩が感じられず、ユニークさもなければ好奇心をそそりもしないのだ。旅人の心の悲しい性《さが》とでもいうべきか。あるがままの現実を受け入れようとしない旅人の心は、幻影的な期待に踊らされ、そしてどうしようもない幻滅を味わう。センチメンタルな思いこみははぐらかされ、癒《いや》しがたい哀しみとなって旅人を襲う。こうして憧れの気持ちは、いとも簡単に消え去ってしまう。

私が数時間前に着いたばかりのこの日本が、夢に描いてきた日本となるためには何が欠けているのだろうか。周囲にいる男たちはだれひとり西洋の衣服など着ていない。山高帽やロンドン風のジャケットなどどこにも見られない。みな着物である。それもつつましい普段着で、もちろん袖に龍の刺繡《ししゅう》などないし、背中に鶴が飛んでもいない。それでも正真正銘の着物が、その下に赤銅色の裸体を包んでいるのだ。汽車の窓から見える曲がりくねった松の枝や、素晴らしい蓮《はす》の絨毯《じゅうたん》を敷きつめた沼の風景は屛風絵《びょうぶえ》そのものである。ましてや運の良いことに、傍《かたわ》らには歌麿や豊国の画集でしか見たことのない娘たちの一群さえいるのである。では、この現実の日本が私の夢みた日本ほど美しくないのは、何が欠けているせいなのだろうか。もしかして私は、自分でも気がつかぬうちに、フランス人たちが夢みるマドリードと同じような東京を期待していたのだろうか。東京には将軍がいて、猛々しい顔つきの侍や神秘な華麗さに包まれた駕籠《かご》、大名行列、そして巡回中の衛兵たちの姿が見られるとでも期待していたのだろうか。違う。そうではない。むしろ私は最近の書物を読んで、アメリカ化された日本との出会いを覚悟してきたほどなのだ。だというのに、私の見ているこのまさに日本的なもの、この車窓から見えるものは、私の思い描いてきた、心奪われるような魅力を秘めた日本ではなかった。

ところが、私の日本があったのだ。太陽の女神・大和の守護神、天照《あまてらす》に祝福あれ。万病を癒し、愛しあう者に加護を与えたもう神、奇跡のカミヤ山王稲荷よ、汝にも幸いあれ。汽車から下りて、黄色人種の筋骨逞しい人夫が私の荷物を「クルマ」（人力車）に積んでいる間に、まさに私の夢は現実のものとなった。一人の娘が駅の玄関に立って、私に笑いかけている。というより自分自身に微笑みかけているといった方がよいのかもしれない。ほっそりとした体つきに、血の気の少ない薄く透けるような琥珀《こはく》色の肌、首筋に浮きでている細い血管。顔の形は完璧な卵形。目は大きくはないが切れ長で、そのはなはだしく細く長い目に肉感的な甘美さがあり、古《いにしえ》の日本の歌人たちが短歌の中で、女性の瞳を気をそそる媚薬とくらべている気持ちがわかる気がした。華奢な手の指は青白く透きとおるようだ。口許はといえば、たえず笑みを浮かべて半開きになっており、そのしっとりと潤《うるお》った唇から米粒のような上品な歯並びがのぞいている。私の目の前に出現したこの女性は、汽車で一緒だった娘たちが着ていた灰色の無地の着物とは違い、薄い黄色地に白百合を一面に描いた着物を着ていた。まるでそこだけ春が来たようだった。ボッティチェリの春ほどの偉大さや輝きはないが、心をそそられる点では優るとも劣らない。私は茫然と彼女に見とれていた。彼女のおかげで、つまりその不可思議な美しさと、かけ離れた優美さと伝説の輝きのおかげで、駅前広場の通俗さは消え失せ、素晴らしい日本が呆気《あっけ》にとられている私の前にあらわれたのだ。

東京は、北欧の雨に似た生暖かい霧雨の中、夢に胸をふくらませて到着した旅人を迎えるには少々つれなかった。雑駁《ざっぱく》ながら活気のある新橋駅での場面の次は、ホテルへ向かう道である。馬の代わりに人間が引っぱって駆ける屋根の高い窮屈《きゅうくつ》な乗物に乗って、果てしない道を進む。この小さな人力車の哀れさといったらない。中国やインドの人力車よりもっと悲哀を感じるのは、泥んこの道のせいに違いないが、おそろしく長い距離のせいでもある。

もう三〇分も狭くて汚らしい通りを走っているが、ホテルはまだ遠い。人力車に乗っているのは一時間、ときには二時間が普通である。このように道のりが長いとヨーロッパの御者たちは嫌な顔をするものだが、日本の車夫はあきらめの心境なのか嬉しそうな笑みを浮かべるだけで、すぐにこの東京の信じがたい道を延々と駆けはじめる。時たまちょっと立ち止まり、顔の汗を拭うとすぐに単調な行進をつづける。こういう状況に慣れていない者にとってはしかし、単調などというものではなく、いかにも苦しげに見える。少なくとも東京の半分くらいはもう走りまわったのではないかと思ったが、実際には東京の一区画、というより一隅をさえ通り抜けていなかった。そのうえガイドは、われわれをホテルへ連れて行く前に他の町並みを見せようと思ったのか、芝区へ向かうように〝俥屋さん〟に命じた。これは良い天気を利用してのことだという。雨降りなのに良い天気とは皮肉かと思ったが、ガイドの説明によると、東京では泥か砂ぼこりかのどちらかを選ばなければならないが、砂ぼこりにくらべれば泥の方がずっとましだからだそうだ。

「あなたがご覧になっているあの眼鏡《めがね》をかけた人たち、あの人たちは皆、埃をよけるために眼鏡をかけているのであって、眼が悪いからではないのです」と、わが善良なるガイド氏はつけ加えた。

私は東京へ来る前の横浜や神戸で、日本人のほとんどが眼鏡をかけていることに気づいていた。兵士や電車の運転手、警官、店員、工員など、だれもが眼鏡をかけている。眼鏡は国民の必需品なのだ。というわけで、ドイツの漫画にあるような丸くて大きな眼鏡をかけた大勢の日本人が、紙にゴム糊を塗った大きな雨傘をさして、高い木製のサンダルの上でバランスをとりながら、着物の裾を腰まではしょい上げて歩く奇妙な姿が見られるのである。私はだいぶ前にパリのパントマイム劇で見た、金縁眼鏡をかけた裸のパラグアイ人の医者の姿を思い出した。それからの数日間というもの、そのイメージが日本人の姿と重なって私の頭から離れなかった。

というのも、日本では衣服は、たとえそれが着物であっても余計なものらしいのだ。日本人は家に帰るとすぐに、われわれが外套を脱ぐように、着物を脱いでしまう。日本の田舎の子供たちは十歳くらいまで裸で暮らしている。ところが田舎どころか、東京でも神戸でも、横浜でも大阪でも、つまりあらゆる都会で、婦人が上半身を露《あら》わにして家の戸口で子供に乳をやっている姿がしばしば見られる。帝都の端から端へ通じている運河で舟を漕《こ》ぐ男たちもしかりである。彼らは野蛮人のそれと同じく、褌《ふんどし》一本以外、衣類はいっさい身につけていない。このことはもう知っていたので、別に不思議には思わなかった。

東京の道とホテル

同様に私は、東京の道がいま自分が目にしているとおり狭く曲がりくねって汚らしく、歩道も石畳もない道だということを知っていたはずだった。日本へ来る前、正確で詳しい描写をした記録を山のように読んできた。そう、私がいま実際に見ているものは、すでに本や版画で馴染《なじ》みのものばかりである。縦横に町なかを流れている濁水の掘割には、満潮時になると干魚や米、材木、毛皮などを積んだ荷舟があふれる。そして通りはまさに生活の場である。人々が道のまんなかで煮たきをし、子供たちが泥んこの中で遊び、鶏が田舎と同じように地面をほじくり返している。小さな家々は黒い屋根をのせた箱のように見えるが、その箱はどれもかならず何かの店屋であって、そこでは家族全員が店番をしているが誰も買ってはいない。男たちが大きなずだ袋を積んだ荷車を汗だくになって引っぱっていく。こういう色彩や輝きや全体に楽しさに欠ける感じを、私は前もって知っていたはずだった。しかし現実は思い描いていたものより、もっと完璧でもっと濃密だった。

つまり私は日本人が家を一様に黒く塗るとは考えてもいなかったのだ。通りはそのために喪《も》中《ちゅう》のような光景を呈している。そのうえ、商人たちは戸口に文字を白抜きにした黒い日除けの垂れ幕をかけるのだが、それはわれわれの町で死者が出たことを知らせる幕と同じものなのだ。そうするのがしきたりである。こういうことすべてが、かの評判の悪い中国——中国の通りは

文字を白抜きにした黒い日除けの垂れ幕（日本橋の大丸屋）
（東京都立中央図書館東京誌科文庫所蔵「東京博覧絵」㊅呉服商大丸屋，部分）

祭りのように賑《にぎ》やかで、どの窓にも赤い龍の絵がついた黄色い旗がひるがえっており、子供が叫び大人は歌っている――、その中国からやって来た私の目に、日本を実際よりさらに陰気で薄汚く、不吉なものにして映した。

われわれは二時間あまり市街を走りまわった。どれも立派な活気のある通りばかりだったが、それでも感動するようなものは何もなかった。雨はすっかり上がっていた。次第に晴れ間が広がっていく空の、雲の切れ間に、ごく繊細なトーンの透明なエメラルドグリーンが見えてきた。冴えわたる月光の明るさに似た白っぽい光がベールのように街を包みこみ、物の輪郭がかすんでなにもかも美しく見える。庭園の前を通ると、雨の滴《しずく》をとどめた樹々が、まるで真珠の花盛りのようにキラキラ光っている。半裸の子供たちが水路に群がっているさまは、生ける青銅の群像を見るようだ。ときおり娘がひとり、白い後光のような紙の傘をさして小走りに駆けていく。

　道路だけが醜いままずっとつづいている。みすぼらしい醜怪さと泥の汚さ、貧困の醜さ、下卑た醜さ。どんな恩寵による救いも期待できないあきらめきった汚らしさ。それはむしろ喜んでそうしているようにも見える。住民は道を自分の家の一部のように使っている。台所や中庭や裏庭に入りきらない物を道に置いているのだ。古い箱、壊れた荷車、クズ入れ籠、濡れ雑巾、とにかくなにもかも外、家の外だ。鶏小屋も犬小屋も外。鍛冶屋の鉄床《かなとこ》も外。染桶も、まだ藍《あい》の水滴がしたたり落ちる染布もまた外。この醜悪さに輪をかけているものがある。それは進歩というものだ。日本人は歩道をつくることや街灯をつけることなど思いつきもしないのに、電信・電話線という新しいものをもちこんで、町をさらに醜悪なものにしてしまった。この無数に張りめぐらされた網の目といったらどうだ。こんな蜘蛛《くも》の巣をいったい誰が想像できるだろう。どんなにみすぼらしい横丁にも何百本という電線が張りめぐらされ、それを支える沢山の電柱が立っている。

　日本で〝各戸に電話を〟は、乞食の家でさえ夢の話ではない。ベッドも着るものもないところに電話がある。道の角々に〝公衆電話〟と貼り紙をした電話ボックスがある。したがって、ヨーロッパ的なものといえば山高帽子と数多くの電話機につきることになる。

　ホテル――二〇〇万の人口を擁するこの都市にわずか三つしかない洋式ホテルの一つ――に

着くと、ガイドが食堂へと案内してくれた。しかし驚いたことに、食堂には何もなかった。テーブルもなければ椅子もない。絨毯の一方の隅に見たこともないような大きな白い畳がある。暖炉の前には、丈が二〇センチほどの幹がゴツゴツした樫《かし》の樹や、人形の背丈ほどしかない樹齢数百年をへた糸杉や、子供の膝丈にも達しない姿のよい松が置かれ、あたかもリリパット(『ガリヴァー旅行記』に出てくる小人国)のジャングルのような様相を呈している。つまりそこには、このユニークな国のあらゆる植物の盆栽が凝《こ》った趣向で集められているのだ。二人の若い女性が入ってきて、畳の上に沢山の大きな黒ビロードの枕のような座布団を並べはじめた。それはプロテスタントの教会で祈禱《きとう》台を覆《おお》うのに使っているのと同じものだった。ガイドは事情がのみこめたらしくこう言った。

「これから上流社会の結婚式か、あるいは何か記念の宴会があるようです。」

実際に、温室のような様相を呈しているその場所は――思うにいつもは数人のイギリス人が欠伸《あくび》でもしていようという所なのだが――いまや日本人の男女で一杯になっている。彼らは皆、豪華な着物に身を包んでいる。私は、大きな熱帯植物や竹製の揺り椅子、それにおびただしい数の電球がついたブロンズの飾り燭台《しょくだい》といったこのヨーロッパ的な装飾の中で、まるで自分がまだパリにいてコンティネンタルかリッツのホールで仮面舞踏夜会に出ているような気分になった。どこからか流れてくる音楽もこの錯覚を強めるのに役立った。それはギターの緩慢《かんまん》で単調な音の調べなのだが、モンマルトルの若い女性たちが芸者を真似た衣装を着て集まるカフェコンサートなら、どこでも演奏される曲の一つだったからだ。

　しかしだんだんと目の前の光景が現実味をとりもどしてきた。これは民族衣装の仮装パーティなどではない。まさに昔の巨大な屏風絵そのものだ。屏風絵が生きて動いて微笑んでいる。人々の姿が、絹の刺繍画か水彩画のように見える。その姿のなんと端正で厳粛《げんしゅく》なことか。二人の人間が出会うと、彼らはかならずランセーロ（踊）のステップを踏むようにして、しかしランセーロよりずっと重々しくゆったりと挨拶を交わす。とりわけ、たおやかな若い娘たちは実に優雅なやり方で、手が床につきそうなくらいに身をかがめ、さらにもう一度お辞儀をし、すぐにまた身をかがめ、果てしなくお辞儀をくり返している。しかもこの間、一言も言葉は発せず、ただその肉厚の唇と小さな黒い目と青白い頬の上に微笑を浮かべている。顔中で微笑み、身体でも微笑み、そして衣装までも微笑んでいる。というのは、ここには街なかで見るような黒っぽい着物はひとつもないからだ。明るい色の布地は楽しげに笑っているようで、浮世絵にあるのとそっくりな、鳥の飛翔《ひしょう》図や花盛りの枝が一面に描かれている。そして彼女たちの髪型ときたら。私も今度こそは、髷《まげ》や手絡《てがら》、縁取りや曲線に十六の型があるのを確認できた気がした。ただ昔の簪《かんざし》だけは、もう使われていないようで見られなかったが、あれはとても装飾的なものである。

　私が驚いたのは、これら貴族的な娘たちが市中でみかけた少女たちとまるで異なっていたことである。同じ種族とはとても思えない。あの平民の少女たちは小太りで、平べったい顔につり上がった瞼《まぶた》をしていたのに、この娘たちはすらりとした細い身体つきをし、面長で目は青っぽい。歴史学者はこのタイプの違いを次のように説明していたと思う。つまり三千年前に日本に侵入し定住した二つの種族のうち、ウラル山脈からやって来たアルタイ人は美しく色白で士族階級を形成し、一方、フィリッピン海域のマレー人は小柄で肌の色は黄色く、原住民のアイヌ族と混血して平民になった、と。こうしたもっともらしい説明なしでは、この現象は理解できないだろう。というのはヨーロッパのように、ある血統が代を重ねることによって次第に洗練されていったというような問題ではなく、身体つきや顔つき、肌の色という根本的な違いが見られるからである。華麗《かれい》な着物——袖《そで》の白地には誇らしげに家紋が縫いつけられている——に身を包んだこれら若い淑女たちの肌の色は、透きとおるような明るい琥珀《こはく》色で、それはアンダルシーアのスペイン女性よりもほんの少し褐色がかっている程度であり、黒い血のしみなどまったくない。一方、町の少女たちの肌は赤銅色で、アメリカインディアンと同じ色である。

2　吉原

生ける花々の園

ついに吉原に来た。〝不夜城《ふやじょう》〟と歌人は呼ぶが、美しき歓楽の一夜の結晶した町であるからには、〝昼のない町〟と呼ぶ方がふさわしいだろう。事実、ここではすべてが夜のために存在している。色とりどりの提灯《ちょうちん》が魅惑の果実のように、黒い樹々の枝の合間に光り輝き、各妓楼《ぎろう》の入口前に揺れる大提灯の列は、延々とつづく光の花かずらのようだ。何の役にも立たない品々を売る小店も軽佻浮薄《けいちょうふはく》の市《いち》も、聖堂のごとくに光彩をはなち、物静かな音曲の調べと幻想的な照明の中、表通りに面した妓楼のどれもが、黄色い女神の住む宮殿のように見える。

しかし、この生ける花々の園を初めて訪れる者にとって最大の驚きは、笑みを浮かべた女性たちを檻《おり》の中に並べて客に見せていることであろう。私は以前、この光景を詳しく記述したものを読んだことがある。娘たち――店の前を通る客がだれでも買える肉体の玩具としての娘たち——が飾り窓の中に並べられているということは、ピエール・ロティやパーシヴァル・ローウェルの本で読んでいたし、豊国や歌麿の版画でも昔ながらの豪華な着物を着て蛮族の神像のような姿勢でじっとしている娘たちの姿を見たことがあった。しかし現実のものはもっと美しく、もっと印象的だった。いま私が目にしているこの光景には、危惧《きぐ》していたような悲しそうな様子はみじんもない。彼女たちは素晴らしい絹の着物に包んだわが身を、喜んで人々の目にさらしているように見える。その表情豊かな燃え立つような黒い目の中には、彼女らの矜持《きょうじ》が見てとれる。西洋の同類の娘たちが俯《うつむ》いているのと違って、彼女らは堂々と顔を上げている。彼女らは民衆の女神、生ける小さな女神であり、触れることのできる偶像なのだ。そして娘たちはそのことを知っており、そう思われていることを喜び、自己の力を楽しんでいる。

女たちの檻は実に華麗である。彼女らは、螺鈿《らでん》と金の象嵌《ぞうがん》をほどこした漆塗《うるし》りの屏風《びょうぶ》を背に、白い畳に敷いたビロードの座布団の上に座っている。物静かに座ってはいるが、異国の旅人たちが描写したようにじっとしているわけではない。それぞれの目の前に鏡が置かれている。そもそも女性にとって鏡とは、その前に座って何時間でも飽きずに過ごせる大事なものである。鏡を見ていないとき、女たちは通る男たちに顔を見せている。通行人がその大きな髪型を見て賛嘆するのを心密かに楽しむのである。何もすることのないときは、派手な着物に描かれた金色の龍や銀色の鳳凰《ほうおう》の翼に皺《しわ》がよらないように、衣装の襞《ひだ》をなでつけたりしている。

このようにして彼女たちは待っている。

吉原の座敷（「不夜城」所載）

そして屏風の向こうから声がかかるとおもむろに立ち上がる。ここで交わされる愛は、性急なものではなく悠長である。それはひとつの儀式である。

吉原でのつかの間の恋は、手順がおそろしいほど複雑かつ難解で、儀礼が多く緩慢である。細部にわたって、カルロス三世の宮廷もかくやと思われるほど厳格な昔ながらのしきたりが設けられている。まず、取次ぎが案内してくれる大広間に花魁《おいらん》が入来するときには、まるでお姫様のように迎えなければならない。もっとも実際にお姫様のようなものではある。花魁には、王宮に仕える侍女のような二人の舞《ま》妓《こ》が付きそって着物の裾《すそ》を引いている。花魁が重々しくゆっくりとお辞儀をする。彼女の手はお辞儀のたびに床につく。それから座る。このとき客は彼女の右側に座り、微笑まなければならない。さらに、別の娘がもってきた一杯の茶を飲まなければならない。茶碗が空になると、わが恋人は立ち上がり、挨拶をして出ていく。客は動いてはならない。そして数分が過ぎる、二分、三分、四分、五分。孤独で落ち着かない長い時間が過ぎる。それで少しばかり不安になって、何か変わったことが起こったのではないか、わが人形は侍と逃げてしまったのではなかろうかと心配し、はてはこの寒々とした広間に永久にひとり取り残されてしまったのではないかと自問することになる。

しかしそうではない。やがて二人の舞妓があらわれ、お辞儀をし挨拶をする。彼女らにうながされて、贅沢《ぜいたく》な木造りの長い廊下を渡っていく。廊下は、体重が軽い人間用にできていて、歩むたびにギシギシと鳴る。かなり歩いたすえにやっとわが恋の巣となる部屋に通される。畳の上にベッドとなるべき布団があるのが嬉しい。横になってもいいのだろうか。まだいけない。性急という言葉は吉原には存在しないのだ。

まず舞妓の艶《つや》のない象牙《ぞうげ》のような指で衣類を脱がせてもらう必要がある。客が望もうと望むまいと、抵抗しようとしなかろうと、どちらでも同じことである。結局は、その土地の約束事に従わざるをえないのだ。この小柄な少女たちは、こまごまとした身のこなしとリズミカルな動作で客の下着をはぎ取ってしまう。裸にされると次なる儀式が待っている。麻の敷布が肌に心地良く触れるようにするため、風呂に入れられ香水をかけられる。よろしい、どうにでもして下され。子供のような舞妓たちの手が濡れた身体を拭いてくれる。さあ、やっと婚礼の新枕《にいまくら》だ……。が、相手がいない。二人の付添いの少女たちは何度もお辞儀をし、廊下側の小さな紙の戸を閉めて出て行ってしまった。行灯《あんどん》の薄赤い光が広い部屋をほのかに照らしている。白壁の上に行灯の明かりが何か不思議な影を映し出している。それは竹林の中で長い翼を広げている朱鷺《とき》の姿だった。遠くから三味線の音が聞こえてくる。私はポツンとひとりきりでいる。ずっとそのまま。何の物音もしない。……と明らかに衣《きぬ》ずれの音がする。しのびやかな足音。ジャスミンの香り。彼女が来た。先ほどまでのあの龍や鳳凰《ほうおう》の刺繡《ししゅう》入りの衣装ではなく、いまは明るい色の薄い着物をゆったりとまとっている。やっと来たのだ。二人の舞妓が寝床の端まで付きそってくる。そしてまたしても挨拶をはじめる。荘重で悠長な挨拶。これを終えると彼女は私の左側に身を横たえる。すると忠実なお付きの少女たちが床を緑のベール（蚊帳）で例のごとくゆっくりと覆っていく。

まったくなんという煩雑《はんざつ》さ、なんという緩慢さだろう。漆塗りの飾り棚から選び出した人形を、情熱からというより好奇心が勝ったこの腕の中に抱きしめるにいたるまでの、その関門の多さたるや。

この種の女性たちの心の奥底にあるものは誰にもわからない。外国で娼婦に押されている悪徳の真っ赤に焼けた烙印《らくいん》は、ここではまだ押されていない。大和の花魁は、忌《い》まわしい生業ながら純真である。歴史を繰れば、吉原出身の女性が上流社会で高い地位を占めた例はいくらでも見いだせる。現代でも、廓《くるわ》出身の女性を娶《めと》った高官の数は一人に止まらない。日本人は身体を売る女性たちを敬い崇拝しているとさえ思えてくる。彼らは外国人がこの不夜城の奥へ入ると、国民的な誇りを感じるようだ。アンドレ・ベルソールに京都のある大学教授がこう言ったという。「あなたはこの古都のことがわかったと思ってはいけませんよ。もちろん社寺や芝居、内裏、庭園や贅沢な料亭はご存じでしょう。日本人のような暮らしもなさったし、職人の小さな家で茶を飲まれたこともありますでしょう。近所の人たち皆と顔見知りにもなられたことでしょう。しかしそれだけでは充分とはいえないのです。あなたは島原にいらしたことがない。かの美しき婦人たちの酌で酒をお飲みになったことがない。それでは古き良き日本を知ったことにはなりません。」

実際、娼婦は貴族的な京都の花魁はもちろん、東京の売笑婦や芸者たちも皆、昔からの芸術の光彩をみごとに保持している存在である。伝説的な侍魂はともかくとして、漆塗りの剣や絹の衣装はすでに失われてしまい、高官たちでさえもはや信長時代の華麗な衣装を着ることはない。ところが、か細い身体をした愛の人形である彼女らだけは未だに豪華をきわめる緞子《どんす》の着物を身にまとっている。それは、昔の職人たちが幻想的な発想を駆使して、珍奇この上ない鳥や摩訶《まか》不思議な怪獣の姿を刺繍した衣裳である。

吉原は迷信と伝説の里である。花魁が朝の長い暇なひとときに、かつてこの廓に生きた伝説的な女性たちのことを思い起こすとき、彼女らの黒い瞳に誇らしげな光が宿る。美しく生きかつ死ぬことができた花魁たちの名前は、国民的な女流歌人のそれと同じように尊敬の的《まと》となっている。娼妓の寺である浅草の大寺院（浅草寺）では、昔の遊女たちの形見の品々が神秘的な箱の中に納められている。私は外国人である自分にはその資格はないと思いつつも、ある美しい遊女のものだったという絹の帯にこの手で触ってみた。その時に帯を見せてくれた高僧が、愛に殉じた〝徳の高い花魁《おいらん》〟の話を聞かせてくれた。〝徳の高い〟という表現は私には少なからぬ衝撃であった。無知な私はほんの数週間前まで、日本では遊女が誠実さの手本になりうるなどとは思いもしなかったのだ。

娼婦の精神的貞潔さ

しかし、だんだんと私にもわかってきた。日本の名高い詩歌の中には、娼婦を精神面でではあるが貞潔であるとしているものがよくある。私が手に触れた形見の帯の持ち主もそれだった。たしかな文献にそのように記されている。もう一人、死後ロマンスを謳《うた》われるようになった娼妓がいる。名はカネ。吉原の大きな妓楼には、今でも彼女の虹色にかがやく白絹の衣装の数々が宝物として保存されている。彼女については、自分を愛してくれたすべての人々を愛し、なかでもある一人の男への愛に殉じたとしかわかっていない。彼女は自殺する前、一通の手紙にたくしてその死の動機を廓の女主人に書き遺した。憂《うれ》いにみちたその手紙は今なお、彼女を慕《した》う女たちの文庫に収められている。

「すでにご存じのように、春以来私はタシロ様をお慕い申し上げるようになりました。あの方も私を愛して下さいました。けれども今はもう姿の見えない霊が私たちの仲を引き裂いてしまいました。タシロ様のお側で休むことのできなくなった今、私の身体がひとり休めるたったひとつの床を冥土《めいど》の草葉の陰へさがしに参ろうと存じます。」

愛らしいカネの遺骸が憩《いこ》うその永遠の褥《しとね》は花の床である。実際その墓には、彼女を慕う薄幸の女性たちが供える菊と椿の花が絶えることがない。

このような有名な女性たちの中でもとくに名高いのが高尾（太夫）である。彼女に関しては、失意の女性というより、むしろ回心をとげた女性であるといえる。高尾の話は、燃えるような情熱とか自殺を望むとか大いなる愛の犠牲になったという類の話ではない。高尾は当時もっとも美しい女性の一人であり、諸侯が競《きそ》って彼女の関心を買おうとしただけでなく、そのサロンには当時の高名な歌人や学者たちが集った。しかし彼女の名声はそれだけでなく、十四か月もの間、彼女にとり憑《つ》いておそろしい苦痛をもたらした悪霊によるものでもあった。高尾は行者《ぎょうじゃ》の悪霊払いの呪文《じゅもん》のおかげでその苦しみから救われた後、尼寺に入ってしまった。尼寺で彼女が詠んだいくつかの宗教的な歌は、識者ならだれでも諳《そら》んじているし、名歌撰の中にも入っている。このように、歌を詠《よ》むのは日本の娼妓たちの間では一般的なたしなみとなっている。彼女たちは暇をもてあますと筆をとり、官能的なあるいは感傷的な短歌を、高尾の古典的スタイルを真似て書きつけるのである。

吉原の物語の中には、遊女たちが崇拝するだけでなく、高位高官の人たちまでが誇らしげに口にする国民的な名前がある。それは、身持ちの悪さからあるいは贅沢な暮らしを望んで身を売るのではなく、両親を食べさせるために身を売る遊女たちの名である。この点に関しては国中に異論はなく、もっとも反動的な人間から進歩主義者にいたるまで、あらゆる日本人がこう言うのである、「偉いものだ」と。親のために身を売るこうした女性の恋人までもが「見上げたものだ」とつぶやいて頭を下げるのである。

白井権八の話も有名である。この勇猛な武士は、ある夜、江戸近郊の旅籠《はたご》に宿をとり、たいそう疲れていたので横になるとすぐに寝入ってしまった。真夜中、一人の女性、というより少女が権八の寝床に近づいてこう言った。「もし、ここは旅籠ではありません。人殺しの巣窟でございます。盗賊たちがあなたの首をかき切ろうと狙《ねら》っております。私は一味ではなく、さらわれて来た者です。私をここに押しこめて、三河の豪商である私の両親から身代金《みのしろきん》をとろうとしているのです」と。権八はすぐさま刀を手に身構えた。彼が寝入っているものと思っていきなり部屋に踏みこんできたならず者の頭領は権八に殺されてしまう。それを見て手下の者たちも算を乱して逃げだした。権八は娘に「そなたの家まで送って行こう」と言う。家では両親が大喜びで二人を迎える。娘は彼の耳元でこうささやいた。「あなた様をお慕いしております。」「拙者もだ。しかし浪人中の身ゆえ、そなたと夫婦《めおと》になる前に仕官の道をさがさねばならぬ。信じて待っていてくれるか。」「はい、いつまでもお待ち申しております。」権八は江戸に出、仕官の道をさがし求めた。時が流れた。あるとき、眩《まばゆ》いばかりに美しい遊女がいるという噂を耳にして吉原へ行ってみた。あろうことか、格子の向こうにいたのは彼のかつての恋人であった。

「このようなところでそなたに出会うことになろうとは。昼も夜もそなたを想い、そなたを妻にする日のために生きてきたというのに。」

「権八様、この世で私の身の上ほど哀しいものはございません。実家が破産し、両親は路頭に迷う身となってしまったのでございます。親の飢え死にするのを見てはおれず、このみじめな身を売ったのでございます。」

「何と哀れなことだ。されど私にはそなたを助ける力もない……。だが、こうなってもそなたのことは忘れられぬ、ずっとそなたの側《そば》にいよう……」

事実、権八は彼女の側にそのまま居つづけたが、そのためには多額の金が必要だったので盗みをはじめ、とうとう人殺しまで犯してしまう。ある夜、商人から金品を奪おうとして捕らえられた彼は、奉行所で死罪の判決を受け、首切り役人の手で斬首の刑に処せられた。

権八の愛人である美しい小紫は打ち首のことを知ると、絢爛《けんらん》たる衣装に身を包み、高価な簪《かんざし》で髪を飾り、身には香を焚きしめ、恋する人の墓へと向かった。墓前で長い祈りを手向けると、涙も見せずに自決した。翌日、寺の僧が青白い頬に笑みを浮かべたまま動かなくなっている彼女をみつけた。まるで眠っているように見えたが、死んでいることはあきらかだった。僧たちはその死に様を見、自害の理由を知ると、遺骸を彼女が愛してやまなかった男の傍らに埋葬した。彼女の墓は日本中の人々が参拝するが、墓石には次のような意味の、簡潔な碑詩が刻まれている。

〝枝をわたる一陣の風が、まだ開ききらない桜の花を散らしてしまうように、
その花のように美しいこの二羽の鳥は、時至らずに散ってしまった〟

今ではこの墓は聖地となっており、だれもが花を供える。

現代の娼妓たちは、浮世のさだめを支配する影のあの世に棲《す》むこうした昔の遊女や、高名な先輩たちにあやかろうと、その名を唱えながら祈ることが多い。日本の神々は春をひさぐ女性たちをけっして憎まない。神々は、どこの国でもそうであるように男性の姿に似せてつくられている。雄々しい侍が美しい花魁を妻に娶ることに何の不都合も感じないのと同様、どんな厳格な神々でも、あまたの男性を愛した女性を天に受け入れれば天が汚れるなどとは考えない。吉原には、懺悔《ざんげ》する必要もなく天国に入った遊女たちの話がいくらでも輝く伝説となっている。

とはいえ彼女たちにも、すべての女性と同様に天使のような側面だけでなく悪魔的な面がひそんでいる。どんなに精神的に貞潔な娼妓であっても色欲の神を崇《あが》めずにはいられない。

女中が布団や敷布を片づけると、部屋には小さな木の枕だけが残される。その木枕は花魁が髪を崩さないように頭をのせて寝るためのものである。この小っぽけな家具はよくよく見ると、人形用の黒檀《こくたん》の椅子のようでもあり、絹の靴下をはいた西洋娘の足台のようにも見える。しかし本当は、秘密や宝物を入れておく箱なのだ。その小さな神秘的な引出しをあけると、一時の恋の相手が寄越したプレゼントやら、好きな男の手紙が入っているのである。ある歌にこうあ

る。

〝ひとり気ままにいるときに、人知れず見るものは、わが枕に隠されしもの〟

こうして彼女たちが見るものの中には、恋文や口説きのプレゼントの他にきまって春画がある。

春画と吉原暦

春画は、日本ではどこの本屋でも手に入る画集で、ヨーロッパでも日本の品を扱う商人が闇《やみ》で売っている。誰でも好奇心から一度は見たことがあるだろう。表紙はみごとな螺鈿《らでん》入りの漆塗りのものから、小学校の教科書風の地味なものまでいろいろある。豪華な本も質素な本も、あるいは作者が著名であろうと下手な版画家であろうと、性愛の情熱にかけてはどれも同じである。春画では登場人物の衣装そのものが、洗練された猥褻《わいせつ》さに思いもよらない効果をもたらしている。日本は、婦人たちが人目をはばからず入浴し、男性が道を裸で歩きまわっているという途方もない国であるのに、こと春画に関してはどの画家も、狂気のヴィーナスや恥知らずのファウヌス（半神獣）に絹の豪華な衣装をまとわせて描くのである。実際、春画に裸体はでてこない。性愛の無上の恍惚のさ中でさえ着物をまとったままである。せいぜい描かれるのは、帯を解き、着物の前を開き、袖をたくし上げている姿までである。彼ら肉体の大喜劇を演ずる役者たちが、着物をやぶらずに全てをやってのけるのは、実に奇跡としかいいようがない。男女は熟練の曲芸師にしかできないような均衡を保ちながらよじれ合い、二つの頭と四本の足でまるで化け物のような形を作っている。

筋書はいつも同じである。一ページ目の版画では男がしきりに女に言い寄っている。二人の着物は乱れていない。このうえなく洗練された好色劇の第一場であることを匂わせるものなど、どこを見てもこれぽっちもない。次のページでは、すでに厚かましい手が女性の着物をなかば開いている。女性の顔は軽い驚きを示し、男性の顔には勝利の笑みが浮かんでいる。次いで三ページ目はというと、身体の平衡が失われ、目の回るような百態もの様相がくり広げられている。百態とか目が回るようだというのはけっして誇張しているのではない。目まぐるしい恋の姿態は、すべてこれ苦痛のさまである。実にもってすべて痙攣《けいれん》の様相なのだ。脚と手は絡《から》み合い、目には驚きか苦痛が読みとれる。脚はわけのわからない螺旋状にねじまがり、腕は蛇のように絡みあっている。そして口はといえば、接吻が知られていないこの国では、歯が口唇と同じように愛撫に用いられているようなのだ。女性の身体が二つに切断されているように見えることもある。女の身体の下に半分くらい消えてしまっている男もいる。どんなに想像力と忍耐力を駆使しても、絵に表現されていることを理解できかねることがままある。頭はどこかへ行ってしまい、手足が増えている。着物がうねっているさまは、まるで緞子《どんす》のカーテンの下に逆上した蛇がのたくっているようだ。背骨はまさに柔軟な鋼《はがね》でできている。そして、ときおり場面は変わり、巨大な男根で事に及ぼうとしている逞しい黄色い紳士が描かれている。

花魁たちは、長い時間この画集をめくっている。画集は有名な画家の作であることも多い。彼女らの黒い瞳は、ページをめくるごとに輝きを増し、淫靡《いんび》で悪魔的な火花を散らす。

私は数度あがった妓楼で、十返舎一九の『吉原暦』の普及版を見つけた。この本は、エドモンド・ルイ・ゴンクール（一八二二―九六年。フランスの文学者）の翻訳と注釈でヨーロッパでも広く知られているものである。しかし、その文章の当の舞台である場所で読むとまた格別の趣《おもむき》がある。以前読んだとき、印刷された紙面からは何の感興も受けなかったのだが、ガイドが口頭で訳してくれる今、それはきわめて示唆に富んだもののように思われた。「ここにいる女たちは」と『吉原暦』はいう。「お姫様のような教育を受けている。読み書きができ、歌舞音曲をおさめ、礼をわきまえ、さらには香道に通じ、性愛にもたけている……。」私は無邪気すぎるといわれるかも知れないが、正直なところこの文章に惹《ひ》かれる。そこには事実を述べた部分と皮肉を述べた部分とがあるような気がする。作者は誇張もせず、嘘も述べず、隠しだてもしていない。ただ、軽信の非をつかれないように、話を笑いでくるんでいるだけなのだ。私はその可笑しさを楽しみながら、内容をつかめばよい。そこでもっとも注目に価すると思われるのは、元日に各妓楼の女主《あるじ》が遊女に典雅さを競わせる行事である。遊女はそれぞれ好みの着物を着ることが許される。どんなわがままも許される。そしてもっとも豪華な衣装を着た花魁が勝つ。これが吉原での一年最初の祭りである。次は布団替えである。遊女は毎年、新しい布団を与えられるが、その布団は大体が好きな客からのプレゼントであり、『吉原暦』によれば

「贈った人物がその新しい布団を最初に使う権利を有する」という。もうひとつ珍しい助言としてとり上げたいのは、花魁の間で男をもっとも喜ばせる官能的な女は、猫のようにしなをつくって笑う女ではなく、憂鬱《ゆううつ》そうに黙りこくって死ぬことを考えていそうな女だということだ。わが十返舎一九は鋭い眼をもった心理学者である。彼によれば、誰とでもしゃべり馬鹿笑いするが楼主からは眼をはなさない女は、世渡りがうまい気紛れ娘である。しょっちゅう手紙を書いている女は客を失うまいとするしっかり者である。いつも黙って本を読んでいる女は会話ができる女である。結局、人形と遊んでいるような女だけが愛するにふさわしい女だという。なぜならば、そういう女は童女の心をもっているからだ。しかしこのような女性たちが皆同じ型でつくられた生ける陶器の人形のようになり、見分けがつかなくなるときがある。それが八月の名高い行事で、このときは最高位の花魁から最下位の遊女まで全員が、白い着物を着て行列をなし、目抜き通りの樹の下を練り歩く。もうひとつ興味深いのは、この国では娼妓は嫌な客に身をまかせなくてもよいということである。伊達の殿様の意に従わなかった美しい高尾の話はよい例である。というわけで、日本の恋の市には征服すべき何かがある。それどころか、女性たちはここでは卑しい身ながら情熱をもち、それを貫《つらぬ》くすべを知っている。男が女を愛していると言うとき、彼は彼女に対して不実であってはならない。もしそうなら、それは見さげ果てたことである。『吉原暦』の最後の部分によれば、朝になると客は金を払って出てゆき、かわりに心を許した男がやってくる。前夜の騒がしい快楽の場所は静かな家庭に変わるのである。

伝承の遊女

吉原の美しい伝承の一つに、お常と阿闍梨《あじゃり》の話がある。私はこの話をトレスマン・トルモリエール博士の簡単な訳文で知っているだけだが、私にはそれで十分である。阿闍梨はみごとな彫像を彫るので有名な若い僧だった。彼は寺の和尚から、全能にして大慈悲の千手観音像を彫るよう頼まれていた。ある祭りの日のこと、彼は遊女お常に出会い、その美しさの虜《とりこ》になった。彼女のことを考えて眠れぬ夜がつづき、恋情に気も狂わんばかりになった阿闍梨は、とうとう吉原に行く決心をする。彼女の愛を買うために聖なる観音像の黄金の冠を盗みとる。七日間を遊女と過ごし、寺に帰る途次、彼は浪人に殺されてしまう。なんと哀れな罪人ではないか。申し開きようのない罪を犯し、三途の川の渡し賃六厘の持ち合わせもなかった彼は、まっすぐに地獄へと落ちて行くはずだった。しかし幸いにも閻魔《えんま》大王は彼の彫刻の才能と、その作になる素晴らしい観音像のことを知っていた。「地上へ戻れ」と閻魔は言った。「寺へ帰り、観音像を彫り上げよ。」

阿闍梨はその通りにした。何か月も何年も休まずに働き、観音像はほぼ完成するばかりになった。祈りをこめて天を指すその数多の手はあまりにも美しく、見た人のだれもが賛嘆の念を禁じえないほどであった。

ついに観音像は完成し、哀れな阿闍梨はその前に座りこんだ。と突然、一人の女性が部屋の中に入ってきた。美しい絹の着物をまとった花魁であった。

「お常ではないか」阿闍梨は驚いて言った。

「そうです、私です。私はまだあなた様をお慕い申しております。」

二人は手を取りあい、唇を求めあった。翌日、僧侶たちは阿闍梨と遊女が観音像の足元で死んでいるのを発見した。僧たちは二人の唐突な死が愛しあったがための天罰と考えたが、それは間違っていた。というのは、それまで祈るように天に向けられていた観音の数多の手が、いまは地に向けられ、死んだ恋人たちを祝福していたからである。

この国の人々が遊女へ寄せる格別な思いを知るには、日本文学に通暁《つうぎょう》する必要はない。花魁の登場する小説や芝居を見れば、かならず後光がさしているような完全無欠の花魁が出てくるからである。妻は夫を騙《だま》し、子供を売り、利己的で偽《いつわ》りが多いことになっている。ところが娼婦は違う。吉原で、紅をさした唇が「あなたが好き」と言うと、その愛は、日本人が神ほとけとまで祀り上げた高名な女性たちの物語ですでに見たとおり、死をもってでしか成就できないものである。しかし、かならずしも彼女ら愛の殉教者たちの荘厳な名前を思い起こさなくても、この国の娼婦に対する考え方はすぐにわかる。というのは、さして有名でない娼妓でさえ、なにやら偶像的なあるいは聖画的な雰囲気をまとっているからだ。芝居でも彼女たちは理想的な女性として描かれている。四十七士の話と同じくらい有名な物語『須磨の春』（後出の『須磨の桜』とは別であろう）でもっとも重要な場面は次の箇所である。まず絢爛豪華な供揃えの行列が二組あらわれる。最初の行列は居城へ向かう大名のもの、もう一方は涼をとろうとお供を引き連れて杉並木を行く花魁のものである。この二つの行列が出会うと、誇り高き大名の方が駕籠から降り立ち、愛を売る女性に最大級のお辞儀をする。これがしきたりである。彼ら、妻に対しては粗野で姉妹には横柄な男性が、吉原の春をひさぐ女性の前ではしおらしい崇拝者と化すのだ。

「まったく不思議なことに思われるでしょうな」と、ある教養ある日本人が私に言った。「それはあなたがわれわれ日本人の女性観を理解なさっていないからですよ。自分の女つまりわが家に住む女性は、われわれの種を存続させる役割しかもっていないのです。彼女たちは、お望みならきわめて有能な女中となります。しかし、楽しみや愉悦や快楽といったものは夫婦の屋根の下にはありえないのです。そういったものは家の外に求めるものですから、われわれは不夜城と呼ばれる場所でそれをさがすわけです。遊女の美しさ、繊細さ、優雅さはわれわれを虜にし、夢中にさせます。彼女たちが着る衣装の豪華さもわれわれの日本人としての誇りをくすぐります。一般的に、家庭の中にいる女よりはるかに教養が高いですから、彼女たちの話は傾聴せざるをえないということになります。かくして、快楽の宴《うたげ》をながく持続させるだけの余裕のある人は、幸せになれるのがわかっていますから、自分の一番好きな花魁を身請《みう》けし、妻にしたり、正式の同棲者として家へ入れるわけです。というのも、こういうことを言うと、ヨーロッパの方たちには衝撃であり、そんなことを考えるのは馬鹿であると思われるかも知れませんが、遊女の心は誠実だからです。たとえばわが高名なる伊藤博文侯爵（のちに公爵）は、旅行のたびにかならず娼妓を同伴されますが、もし誰かがなぜ奥様を同行なさらないのかとたずねたらきっと、娼妓は妻の便利さとさらにそれ以上のものを沢山もち合わせているからだとお答えになるでしょうね。西洋人でこんなことを口にされる著名な方はいらっしゃいますか？」「一人いましたよ」と私は答えた。「彼はフランスでもっとも尊敬されている男性の一人で、名はプロスペル・メリメといいます。彼はある日、自分の娼婦好みを貴族のご婦人方に批判されたとき、こう反論しました。〝私は娼婦たちがまっとうな女性と変わらぬ魂をもっていると確信しています。身体についてはほとんどの場合、彼女たちの方が優位だと言わざるをえませんしね。彼女らも裕福になれば、人間として優れた点がはっきりと表面にあらわれるでしょう〟と。しかしこの男は三十年前に死にました。近頃のヨーロッパの文学者たちは、性愛の売手である女性たちのことを話題にせず、軽蔑する傾向があります。」すると、その日本の友人は「わが国の文学者はその反対です」と言って話を締めくくった。

廓の画家たち

ヨーロッパ人は歌麿を〝廓《くるわ》の画家〟と呼ぶが、実際には歌麿だけでなく他にもそう呼ばれるにふさわしい画家が大勢いる。大衆画にはどれも豪華な衣装で身を飾りたてた娼妓たちの姿が描かれている。吉原の花魁の外見の華やかさは画家たちを魅了してやまない。宝石類は宗教的な護符の飾りであって、娼妓たちの身を飾るものではない。彼女たちが自分の誇りのすべてを注ぎこむのは、その途方もなく贅沢な衣装である。ヨーロッパで芸術品として収集保存されている織布はまさしく、豊国や春章、春信や清長など多くの画家が描いた遊女たちがまとっている衣装の切れ端に他ならない。

豊国は歌麿より以前に性愛の美姫たちを描いた閨房画家であり、その技巧も歌麿に劣らない。『絵本今様姿』と題した彼の版画集は、吉原の優艶な宴の数々を描いたものである。春の空の下、花見の船中にいる花魁たちの姿は、自信にみちた女性特有のひそかな矜持を見せて華麗なまでに輝いている。絹や刺繡、漆塗りなどが、それぞれの美しさを競い合っているこの一幅の素晴らしさ。船の舳先《へさき》には黄金の角をもつ緑の龍がついている。船中では翡翠《ひすい》の小卓の上に香が焚かれ、その煙が香りの波となって遠くにまでたなびいている。船の漕ぎ手たちも絵の印象を強めるのに一役買っている。というのは、その蛮人のような半裸の姿が、重い錦と硬い緞子《どんす》の衣装で顔以外の身体全部を覆った婦人たちの驚くべきつつしみ深さをいっそう際立たせているからである。黄金の簪《かんざし》をいく本もさした髪は、キラキラ光る飾りが太陽に映えて、まるで光輪のようだ。あらゆる品が細部にまで金をかけたものであることがわかる。なにもかも貴公子達の感嘆をさそうようなものでなければならない。着物の持ち主の階層を示すためにきまった位置につけられる絹の紋所でさえ、芸術的な忍耐心をあらわす極小の傑作といえる。

豊国が最高級の遊女の絵姿の中に求めたものは、なによりもまず華麗さであり、色彩であり、豪奢さである。女性の内面の典雅さについては、他の画家にそれを求める方がよいだろう。

師宣《もろのぶ》の好みは笑う口許である。彼の『和国百女』を見ると、女たちが実に魅惑的な姿態で実生活上のたわいない気晴らしに身をゆだねている。同じ部屋のなかで、一方には三味線に合わせて歌を唱っている女がおり、他方にはキセルを吹かしている女がいる。ある女は自分にご執心の客の似顔絵を手にもって嘲笑しており、べつの女は鏡を覗《のぞ》いている。またある女は眠そうに目を半分閉じている。確かにこの絵はいくらか漫画的ではある。しかし、デフォルメはしていない。誇張部分はあくまでも印象を深める程度にとどめ、美しい顔だちがあると、きちんとそれを描いているし、不快なものを強調するよりは美しいものに焦点をあてている。

春章は現代まで連綿とつづく浮世絵の一派を築いた画家であるが、書き物よりも『廓美人鏡』という版画集によって名高い。彼の描く花魁には、豊国や歌麿の女性のような優雅な美しさはない。彼女たちは小柄でぽっちゃりとした日本娘で、顔はどこか庶民的であるが、途方もなく華麗な衣装をまとっている。黒糸の刺繡《ししゅう》で覆われた赤い着物、金襴緞子《きんらんどんす》の帯、弓矢と槍あるいは剣をかたどった簪《かんざし》、そして漆塗りの下駄でさえ、大名の一番の愛妾が羨望の目で見るに違いない。しかし、彼女たちの小さな目や丸い頰は花魁の貴族的な顔というより、むしろホテルの女中の顔に似ている。これは春章の境遇によってある程度説明がつく。彼はその少年時代を江戸のたいそう貧しい家庭で過ごしたのだ。

反対に清長は、尼僧のような風貌の遊女たちが物静かに寄り集っているさまを好んで描いた。

彼女たちの姿には媚態もなければ軽佻さも見られない。薄色の絹の着物をまとい、じっと物思いにふけっている女性たちは、騒々しく三味線を弾く女たちと同類ではない。他の国でなら、彼女らの顔は廓の日々の癒しようのない悲しみをあらわしているのだというかもしれないが、日本にはその種の悲しみは存在しない。というわけで、彼女らが、その姿を描く絵師の前でかくも荘重に見える理由は、手すさびに敬虔な歌をつくったかの有名な高尾の系統に属しているからとすべきであろう。彼女たちの夕暮れの散歩の背景になっている青い水平線も地味だから、広重などからみれば味気ないかもしれない。

春信の場合は、黄金の鳥籠のなかで派手やかに暮らす遊女を描くだけでは満足しなかった。彼は、遊女たちのどこか単調な日常生活の流れを克明に愛情をこめて写しだしている。いま私の手許には、風呂のなかで髪も結わず紅もさしていない裸形の遊女たちを描いた絵がある。その若い胸は早くも生気を失ったかに見え、眼には不運な夜々の痕跡が残っている。彼女たちは数時間後にはもう着物をまとっている。それもおそらく吉原でもっとも趣向を凝らした着物であろう。明るい布地に金色の魚が泳いでいるのや、ミミズクが嘴《くちばし》を開けているのや、花盛りの樹、とぐろを巻いた蛇などが描かれている。このような図柄も愁《うれ》いをふくんだ優美さで描かれているので漫画的には見えない。実際、人目にさらされる場所に出ると花魁は貴族的な無表情をつくる。田舎からやってきた紳士たちが花魁を好むのはそのせいに違いない。彼らは花魁の前で一晩中、口をあんぐりあけて過ごすのである。政信の『吉原の歌花の美女たち』という

新吉原夜景（作者不明　たばこと塩の博物館所蔵）

意味の画集には、そのような遊女の男たちを見下すような態度が描かれている。

秀麿の女性たちはもっと素朴である。彼の場合は遊女たちの姿態そのものに対する興味の方が、絵にほどこすべき文学的配慮より大きいようだ。したがって、彼の描く遊女たちは支度部屋で頬に紅をさしたり、上唇に金の細い線を描いていたり、黒髪を根気よく細心の注意をはらって建造物風の髪型に結い上げていたり、好みの帯の紐を入念に選んでいたり、鏡の前でじっとすわっていたりする。

しかし何といっても、歌麿ほど吉原の遊女を賛美した者は他にいない。彼の絵筆は遊女の上背のある身体を暖かくなぞり、そのパレットの色には官能的な優しさがある。

「この絵を描いた人物は、女性の身体に情熱を傾けていたに違いない」とゴンクールが林氏

（著者が訪日中世話になった人物か。自邸で刀のコレクションを見せている。七七頁参照）に言った。すると彼はこう答えた。「おっしゃる通りです。そのために彼は死んだのですから。」

そしてまた、そのためにこそ歌麿は生きた。歌麿の唯一の悦びは、吉原で過ごした日々にあった。日々というより夜々というべきか。彼の版画撰集のなかには、夜景への憧憬がこめられている。背景はこんもりと繁った黒い杜《もり》と遠くの家々の窓からもれるかすかな明かり、そして青い陰影のなかに吉原の大通りが浮かび上がり、色とりどりの提灯が点々と灯っている。街灯の明かりのなかを行く遊女の行列は幻想的である。この幻影的な人群れのうち、顔だちがはっきり見えるのは一人だけということがよくある。しかし一人の顔で十分なのだ。この画のなかの日本女性は、現実の貞奴の顔を見たあとでわれわれが夢想する理想の女性の姿である。なんというたおやかな体だろうか。その優美さ、その繊細さ。もうそこには低くて小さい鼻やふくらんだ頬はない。春章が描く娘たちの影さえない。歌麿が描くこの新しい花魁の姿には、フィレンツェのルネッサンスにあらわれた上背のある容姿を彷彿《ほうふつ》とさせる一種の凜々《りり》しさがある。白い顔。モンゴロイド的なところがまるでない眼。かなり切れ長の輝くその黒い眼は、アンダルシーア人の大きな眼を薄目にしたとでもいおうか。沢山の簪《かんざし》をつけた髪は油っぽくなく、柔らかそうで髪型をより芸術的にみせている。そして刺繍《ししゅう》入りの衣装だが、仕立てのよい金色の着物が、豊国の描く着物の硬い雰囲気ではなく、たおやかなほっそりとした身体を、えもいわれぬうねりで包みこんでいる。

そうなのだ、歌麿だけが吉原の絵師というわけではないが、彼がもっとも詩的な絵師であることはまちがいない。

3 雄々しき魂

美しく死ぬ

武士道とはいかなるものなのか。われわれは以前から日本の諸戦における勝利がすべて、この武士道のなせるものだと聞かされてきたのでこう問う。すると、東京の博学の士たちは謎めいた笑みを浮かべながらこう答える、「武士道とは、すべてですよ」と。

実際、あらゆるものが、伝統でも歴史でも宗教でも芸術でも、日本人が武士の道と呼んでいるその道に従うようになっている。神代の昔の仄暗い神統記から現代の事例にいたるまで、あらゆることが英雄的であるための教訓とされる。すべてが、命を捨てることを自然な行為のように語っている。古い書物である『神皇正統記』にいう。「何人《なんぴと》も、己が命を失うことや危険にさらすことを称賛に価する行為だなどと考えてはならない。それは誰もがもつ各人の単なる義務である。」

日本の文学では詩や芝居に、この行動原理が一様に他の感情を圧倒して姿をあらわしている。

日本の英雄たちは、負けることも捕われの身になることも知らない。彼らはわが身が敵に劣るとわかると、自殺するか、あるいはそうする力が残っていないときは同輩に頼んで首を打ち落としてもらう。戦いの相手が人間ではなく自然の力との崇高なる闘いの場合でも、恐怖の念をもつことは禁じられている。十世紀に書かれた『土佐日記』のなかで、国守の紀貫之《きのつらゆき》は海路で遭遇した嵐の恐怖を述べるくだりで修辞的な技巧をほどこさなければならなかった。つまり彼はそれを女性が述べた形にしたのである。船が沈没するのはもう時間の問題となっていた。怒り狂った風に帆布がやぶれ、船板がきしんだ。彼は言う。「さりながら、水夫《かこ》たちは少しも騒がず歌を唄い仕事をつづけておりました。私ども女たちだけが、刻々と身にせまりくる危険を前に笑うこともなりませんでした。」

しかし、女性でさえ恐怖をもつことは稀《まれ》である。夫と共に戦場におもむき、場合によっては槍や剣をふるう女傑の史話はひとつにとどまらない。有名な『須磨の桜』では、敦盛《あつもり》の若き妻が、男たちと共に闘うために弓や剣を与え給えと声をかぎりに叫ぶ場面がある。そして凄まじきは将軍頼朝の未亡人（政子）である。彼女は尼寺から源氏の軍を指揮し、敵を破った。古い芝居には彼女の神秘的な姿が力とエネルギーの象徴となってよくあらわれる。彼女は亡き夫の偉業を確固たるものとするために、いかなる犠牲もいとわなかった。息子たちの脆弱《ひよわ》な性格を知ると、彼らを権力の座からしりぞけた。反乱を起こそうとした長男は何者かの手で暗殺されてしまう。この残忍な尼将軍には天皇でさえ歯向かえず、彼女の兄弟の一人のために退位をよぎなくされる。しかも、このような女性は彼女だけではない。他にも槍を手に戦さの歌を謳《うた》う女たちが詩歌に詠まれている。母親たちも、勇敢に死んだ息子の死を嘆くどころか、まるで目出度いことのように祝う。そういう母親が出てこない悲劇作品はほとんどないといってよい。「一谷」という有名な芝居（「一谷嫩軍記」）のなかで、戦さから帰ってきた夫に息子はいずこと妻が問うと、夫がこう答える。「武士《もののふ》が一旦戦さにおもむけば、その親に子の行く末を問うは許されぬこと。されば何ゆえにそのようなことをうるさく問うのじゃ。実に、猛き武士の妻にもふさわしからぬ者よ。我らが息子は戦場の露と消え……。」すると、妻がこれをさえぎって、「もし息子が死んだのでありましたら、私が知りたいのは身にふさわしい勇敢な敵と勇ましく闘って死んだかどうかということなのです」と言うのである。

　このこと、つまり美しく死ぬことこそが日本人にとってもっとも大事なことなのである。老人から子供や女にいたるだれもが、版画の侍のような最期をとげたいと思っている。どんな血なまぐさい戦いの場においても、一瞬たりとも美的感覚が憎悪のためにおろそかにされることはない。称賛に価する行為をした者は、たとえそれが敵側の人間であっても喝采を浴びる。日本版ギベリン党（皇帝派）とゲルフ党（教皇派）ともいうべき平家と源氏の戦記物語には、かずかずの優雅な英雄行為の逸話が出てくる。須磨の海戦の後、平家方はまだ浜に残っていた源氏の兵を挑発するように、絹の織布がひるがえる一艘の漕ぎ船をさし向ける。舳先では宮中の装束を身にまとった一人の姫が扇を開いて見せている。これを見たある源氏の将が海に入り、弓につがえた黄金の矢で扇を射抜く。すると、かのみごとな射手に向けて敵味方の双方から喝采がわきあがった。この逸話は多くの歌人が歌に詠《よ》み、あまたの芝居にもなっている。こうした国民的な感情から、人々は戦士や武士の美しい伝説ならどんなものにでもとびつく。

物知りの人であれば、四十七士の実話をもとにした百をこえる歌および二百もの芝居を諳《そら》んずることができるだろう。さらにもっとも興味深いのは、この同じ事件を扱った作品がそれほど沢山あるのに、内容の違いは細部にしかないということである。主要な対話はそっくり同じであるし、状況設定も同じである。現代の作家が過去の作家のものを写しているわけだが、批評家はまるでそれに気づかないかのようである。独自の前口上かあるいは重要でない細かい部分がいくつか加わっていれば、それでもう著作権が成立し、剽窃《ひょうせつ》は公認されるらしい。この芝居の筋は私が知っているかぎり、どれもこれも同じである。

昔、武士の英雄譚の黄金期にあたる十六世紀（実際は十八世紀）、将軍の信任厚い吉良上野介という重臣が人の面前で赤穂の藩主、浅野内匠頭を辱《はずかし》めた。内匠頭がただちに闘いを挑むと、武芸が得意でない上野介は殺されそうだとお上に泣きつく。上野介を盲信していた将軍は内匠頭に死を命じる。重臣や側近たちのとりなしと命乞いの甲斐もなく刑は執行される。赤穂の家臣四十七人が復讐を誓うのはそのときである。彼らは家も身分も捨てたが、みすぼらしい着物の下にはつねに敵を殪《たお》すための武器をもっていた。卑怯な上野介は浪士たちの意図を知るや警護を固め、要塞のような屋敷に閉じこもってしまった。年月が流れていった。五年、十年、十五年が過ぎた。仇討ちの意図は捨て去られ、四十七士も死に絶えたかに見えた。上野介は危惧が去ったと考え、次第に昔の生活にもどっていった。屋敷の警護はゆるみ、年老いた一団の侍たちだけとなった。ちょうど二十年（実際は一年十か月）が過ぎていたが、四十七士は今こそ復讐の大事を実行に移すときと見、江戸の居酒屋に集合した。居酒屋の亭主は四十七士の義に感じ、宿を提供していたのである。彼らは何日ものあいだ、この宿で最後の打合せを行なうのだが、その間身命を賭したこの正義の行動が実行できなくなるのではという危惧をつねに抱いていた。

ある夜の打合せの席で、最年長の一人がこう言った。「亭主の振る舞いが疑わしく思われる。預けてある武器を出してもらう前に、亭主の忠誠心を試してみよう。今晩、我らのうちの十人が覆面と鬘《かつら》で士卒に変装し、上野介の名をもって宿に押し入り、亭主に我らが名を明かせと脅すのだ。」計画が実行された。覆面をした浪士たちが宿に押し入り、亭主を縛りあげ、泊まっている者たちを裏切らなければ子供を殺すと脅かした。すると義心の強い亭主は、「お前たちが望むのなら、子供はわしが自分の手で殺してみせよう」と言った。すると浪士たちは覆面をとり、亭主をかき抱き、何故このようなことをしたかを説き明かした。「この期に及び、我らが心は何もかも疑って見ねばならぬほどに卑しきものとなり果てたのだ」と。それから彼らは夜陰にまぎれて上野介の屋敷へと向かう。丁寧に上野介を起こし、深々と頭を下げるとその首を斬り落とした。首は主君の墓前に供えられた。将軍の法廷は彼らに死刑を命じた。それはもとより望むところ。彼らはこの判決を笑みを浮かべて受けたばかりか、処刑の期日を待つまでもなく主君の眠る丘に集まると古式に則《のっと》って腹を切った（事実は、討入り後、四大名家に預けられ、翌年二月に切腹）。今日、日本人はこの英雄たちをまるでもっとも多くの奇蹟を行なった聖人のように崇め、主君の墓を囲む四十七基の墓は一群の祭壇と化している。帝のよき臣下は皆、もし一旦その時いたれば自分も浪士たちの崇高な行為を真似るであろうとその墓の前で誓うのである。ある役者が私に述べたところによると、芝居ではときどきこの話の新版をかける必要があるという。というのも、大衆にとっては国民的福音書のようなそれを定期的に見る必要があるからだ。まさに日本人の赤ミサ（司祭が赤い祭服を着て挙げるミサ）である。

素晴らしき英雄である〝男伊達の親分、長兵衛〟（播隋院長兵衛）の話も四十七士と同じくらい戯曲化されている。彼の武勇伝を書いた本は何百冊とある。しかしここでは、厳密な意味での彼の伝記を、寡黙な歴史家たちが書くように簡略に述べるにとどめよう。彼はもともと、侍ならだれでもそうであるように、ある主人に仕える武士であった。ある日、果たし合いがあり、相手を殺してしまった長兵衛は、住みなれた町を逃げ出さざるをえなくなった。彼が身を隠した江戸の下町は住民の数が多く、一人の人間をさがすのは砂原に落ちた針をみつけるよりむずかしい土地だった。情け深くて度胸もある長兵衛はたちまち仲間、つまり貧乏人たちの心をつかみ、次第に名をあげるようになった。上層階級の者たちは彼のことを奴伊達《やっこだて》すなわち、ごろつきどもの親玉と呼んだ。彼を嫌うものは彼を恐れ、他の者は彼を憎んだ。しかし長兵衛は栄達を望まず、嘲弄を意に介する様子もなく、ただ刀をふるっては貧しい者や弱い者あるいは抑圧された者たちを助けるだけで満足していた。

ある夜、長兵衛が茶屋で目を閉じて休んでいると、一人の旗本が入ってきて彼の傍らに座り、茶屋の女にこう言った。

「ここで薄汚く眠っているのは何者じゃ。」

「長兵衛様でございます。」

旗本は煙管《きせる》に火をつけると、熱い灰を長兵衛の眠っている、あるいは眠っているように見える顔の上に落としはじめた。数分たっても微動だにしないので、旗本は長兵衛の名を呼んだ。

「これはこれは、あなた様でしたか。御尊顔を前に眠りこけるとは無礼を仕りました。」

「苦しうない。一献招じたいが、何がよいか。」

「何でもよろしうございます。」

すると旗本は茶屋の娘に命じて、一斗の酒を持ってこさせた。長兵衛は平然とその大杯を飲み干してしまった。そして、

「私からもあなた様に何か差し上げたいと存じます」と言った。

旗本は薄笑いを浮かべてこう答えた。

「蕎麦《そば》をくれ。」

一時間後、蕎麦を満載した七台の荷車が茶屋の入口に着いた。それは江戸中の蕎麦であった。

「これは驚いた。何ということだ」旗本はあっけにとられて呟いた。

旗本はこの庶民の勇敢な士である長兵衛を負かすことができなかったので、計略をめぐらし、翌日の昼餐に自邸へ招きたいと言った。長兵衛は、「参りましょう」と頭を下げてこれを受けた。

屋敷に出向いた長兵衛が邸内の庭に足を踏み入れるや、家臣たちが襲いかかった。しかし、彼を打ち倒すことはできなかった。

旗本が姿をあらわし、長兵衛を居室へと招じ入れ、こう言った。

「あれらは手に負えぬ者どもでな、そちを襲うたか?……冗談じゃ。多勢で向かってもそちには勝てぬと申したに、愚か者めらが……そちの着物が汚れてしまったではないか、まずは風呂に入ってまいれ。」

「かたじけのうございます。」

長兵衛が湯殿に入ると、たちまち裏切りの一太刀が彼の身体を貫いた。

しばらくすると、長兵衛の手下の者たちが棺をかついで屋敷にやってきた。

「私どもの主《あるじ》を迎えに参りました……。遺骸を運ぶものをなにか持ってくるようにと言いつかっておりましたので……。主はこれまで間違ったことがございませんでしたので、こうして棺をかついで参りました。」

ホメロス風の世界

この長兵衛や四十七士の話を読むとき、日本人の胸は誇りでふくらむ。また講釈師が語る合戦物語の有名な逸話に聞き入るときにも彼らは同じような誇りを感じる。源平盛衰記には次のようなホメロス風の壮大な場面がある。

敵味方の両軍が海上で合戦する。戦闘は激しさを増し、いずれの船も生死をかけて闘い、数刻後には波が血潮で赤く染まる。しかし、読み手が感激するのはこのような場面ではなく、両軍の武将たちそれぞれが、負け戦を覚悟したときにとる態度とその弁である。味方の敗色濃しと知った平知盛は、自軍の兵にむかってこう弁じる。

「おのおのがた、今日こそ我らが終《つい》の日なれば退くを思うまいぞ。古今、負け戦の末に敵の捕虜となりし名高い武将の例は数々あれど、そはかの者たちが死を免れんとせしゆえなり。我らはさはあらじ。我らが命は敵の意のままになろうとも、我らが勇名は轟《とどろ》きわたるべし。東蝦夷《あずまえびす》を恐れまいぞ。生き延びて何とせん。力の限りを尽くし、皆死のうぞ。」

この言葉を聞いて平家の軍勢の勇気はいや増した。戦局が変わり、負けると見えた戦さに勝利の光がほの見えてくる。すると源氏の将、荒武者の義経は、味方の兵が怯《ひる》むのを防ぐべく、塩っぱく血なまぐさい海水を口に含み、皆の者も同じようにせよ、死の味を前もって味わっておけと命じたのだった。

この他にも、にこやかにして勇ましい大和民族の美質をもつとされる英雄に源頼光がいる。M・レオン・シャルパンティエは彼のことを「黄色いドン・キホーテ」と呼んだが、正鵠をえている。シャルパンティエによると、「この人物は九四七年、村上天皇治世下の封建制度のまっただ中に生まれた。彼はのちに戦さを起こして勇名を馳《は》せたサムライであり、京都周辺に当時跳梁《ちょうりょう》していた盗賊どもを討伐した。日本の封建制はヨーロッパのそれによく似ており、侍は騎士に相当する。各氏族の頭領はヨーロッパの領主たちがそうであったように、お互いに戦さをくり返してやまなかった。これに乗じて盗賊どもが、ありとあらゆる盗みと略奪をほしいままに横行していた。頼光はこのような盗賊の多くを事もなげに討伐していった。伝記によると彼は一〇二一年、七十四歳で天寿を全うしたが、このことは武勇が身の健康を保つことの証であるといわれている。民衆や説話師たちは、その死後ただちに好戦的な精神、すなわち侍の栄光へのやむなき憧れを高揚させるため、勝手に彼の姿に手を加え、高潔さと怪奇さの入り交じった人物へと変えていった。頼光の偉業を夢想するあまり誇張がほどこされ、いまや彼が討伐したのは盗賊団ではなく鬼や亡霊や妖怪ということになった。彼は現在でも日本の有名な英雄である。無敵の頼光はドン・キホーテと同じように、隠れひそむあるいは居もしない敵に向かって突進する。弱き者を助け、騙《だま》され、凄絶な闘いをくり広げるのだが、そこで活躍するのはむしろ彼の四人の部将たち、綱（渡辺綱）、金時（坂田金時）、貞光（碓井貞光）、季武（卜部季武）である。ラ・マンチャの騎士が遠くから見た風車を手ごわい敵と思いこみ攻撃したように、頼光も土煙を超自然の敵と見て突進する。彼は何があっても悪者たちの追跡をあきらめないし、たとえその悪者どもが毎日生き返るのがわかっていてもけっしてくじけないのである。」

私は、頼光に関するシャルパンティエの考え方に少し問題があると思う。日本人は僧侶や廷臣あるいは賢者や高利貸を笑い飛ばしはしても、自分たちの英雄の冒険を喜劇的あるいは怪奇なものとして見ることはけっしてしないからである。巨人や雲を討伐した頼光は確かにドン・キホーテではあったが、それは誇り高く、血にまみれた勇猛なるドン・キホーテである。

私が、日本精神の象徴として、また伝説上の武士として好ましいと思うのは、馬琴の『椿説弓張月』の主人公の方である。彼、源八郎為朝は当代のもっとも強く勇敢な英雄であった。彼は巨人のように大きく、牡牛のように強く、その眼には瞳が二つずつあった。ある日、人々が昔の弓の名手の話をしていると、為朝が言った。

「あいつが凄《すご》い、こいつが立派だと言い合ったところで何にもなりはしない。今の世の弓取りの中で、あまたある勇敢な敵を蹴散らすことができる者はこの俺をのぞいてはいないのだから」と。

為朝はこのとき十二歳であった。彼のこの言葉を耳にしたある武将が、

「お前は大ボラ吹きじゃ」と言うと、少年は顔色も変えずにこう答えた。

「中国の皇帝舜に仕えた蒲衣《ほい》は八歳で将軍となり、伯益《はくえき》は五歳で戦さの指揮をとりました。思慮分別の有無、技能の優劣は年齢では計れません。どうか弓取りの強者どもをお集め下され。

たとえその矢に観音の霊が宿っておろうとも、かならずや勝ってお目にかけましょう。」

武将は国一番の弓取りである式成《のりしげ》と則員《のりかず》を呼び寄せ、為朝に矢を射かけるよう命じた。侍のなかには、この試合はきわめて危険だと反対する者がいたが、少年の父親はこう申し述べた。

「為朝はまだ十二歳にしかなっておりませぬ。しかし、ただの少年と思し召さるな。このたびの試合を為朝が受けて立たねば、敵に後ろを見せるに劣らぬ卑怯となりましょう。息子を失うは耐えやすきも、耐えがたきは面目を失うことでござる。それ故、おのおの方のお許しを切に請う次第でござる。」

試合は次のように行なわれたという。

「式成《のりしげ》が矢をつがえ、弓を半月に引きしぼり、一声発するやひょうと射た。為朝はその矢を右手で摑《つか》むと同時に、則員《のりかず》が心臓めがけて放った別の矢を左手で受け止めた。驚いた二人の名手は、〝仕損じたり。殺したくはないが、今度こそは我らが矢を止めることはできまいぞ〟と言い、すぐさま矢をつがえ、射放った。為朝はその一本を着物の袂《たもと》で受け、あわやと思われたもう一本を歯でくい止めた。」

すべては瞬時の出来事だった。見物人たちにはとても人間技とは思えなかった。誰もがあっけにとられ、いかなる賛辞もおよばぬ技に言葉もないありさまだった。為朝は摑んだ矢を右、左に放り投げ、「さあ今度は我らが名誉のため、御首を頂戴せねばなりませぬ」と言うや、信西に摑みかかろうとした。そのとき父為義が割って入り、息子に言った。「勇猛なだけではなく、寛容であることも大事なことじゃ」と。

勇敢な振る舞い

日本の諺の一つに、「平和な時には右手に書、左手に武器、戦時には右手に武器、左手に書」というのがある。実際、日本では書と武器との結びつきがきわめて強く、この二つはいかなるときにも共にあり、助けあい支えあい触発しあっているように見える。合戦でも一騎討ちの場でも、誰もが何らかの形で、かつて歌に詠まれた英雄たちの行為を真似ようとする。著名な文学者たちも作品の主人公のモデルとして、豪胆かつ優雅な人物を求める。ヨーロッパにおいて微笑は、アレクサンドル・デュマが絶体絶命の危機に直面した三銃士たちの唇に笑みを浮かばせたように、特別な意味を持つものである。しかし、日本人はつねに微笑しており、苦悶のときでさえ微笑みを絶やさない。現実とフィクションが混じり合うのはまさにこの点である。つまり、まず歴史が物語に影響を与えると、次には物語が歴史に影響し、ついには双方が現実を支配するにいたるのだ。友人の海軍大佐ドメック・ガルシーアが語ってくれたところによると、対馬海戦の際、東郷平八郎提督麾下の水兵たちは誰が一番先に死ぬかを笑いながら賭け、弾丸の飛び交うなか、のどかな昔の英雄譚詩を唱っていたという。

事実、英雄文学は日本人の生活の一部となっている。各連隊、各艦には物語の語《かた》り部《べ》がおり、休み時間に昔の美しい話を聞かせる。私も数日前に東京のある兵営を訪れた際、そういう人がある物語を語っているのを聴いた。それは前に読んだことのある日本の『イーリアス』ともいうべき『太平記』の一節であった。話はある少年の雄々しい振る舞いを語ったものである。かつて、比叡山の僧侶たちが将軍勢に戦いを挑んだ。まず最初に自分を仏の槌《つち》であると思いこんでいる狂信的で怪力の持ち主である僧が一人、勇猛無敵の海東（左近将監）に飛びかかっていった。凄まじい闘いのなか、甲冑《かっちゅう》はきしみ、漆塗りの青銅の兜《かぶと》は砕け散った。この凄絶な決闘を見ていた人々は、武士の方が強くて敏捷なうえ、武器も優れていたので、武士が勝つだろうと思っていた。ところが信じられないことに、突如一方の身体が地に転がったかと思うと、僧の槍の穂先に武士の首級が挙げられていた。するとこのとき、群衆のなかから、戦装束の上に銀の鎧《よろい》をつけ黄金の柄の太刀を帯びた一人の少年が立ちあらわれた。人々は可愛げな少年に見入った。女たちが気づかって「どこへ行くのじゃ」と訊いたが、少年は答えもせずに僧に向かって突進した。少年は僧を攻めたて鎧に百もの傷をつけたが、彼の剣と腕では僧にかすり傷ひとつ負わせることができなかった。僧は少年の大人も及ばぬ勇気に感嘆し、身をかがめると彼を腕に抱いた。少年は、「私は海東の息子じゃ。お前がたったいま首をはねた者の子じゃ。だからお前を殺すか、さもなくば私が死ぬのじゃ」と言った。このとき飛んできた一本の矢が少年の身体を貫いた。僧は涙にくれながら少年の亡骸を木の下に横たえた。その涙を見た将軍勢は、僧にはもう戦いつづける気力がないと見て生け捕りにしようとした。一人が彼から刀をもぎ取り、もう一人が槍を奪った。すると僧は、先に切り落とした首級の髪を摑むや、それを槌のように振り回しながら合戦のなかに飛び込んで行った。

これらの譚詩はつとに名高いものであるが、日本にはこの他にも、勇猛心を掻きたてる小説がいくつもあり、ヨーロッパの言語に訳されていないのが残念である。モズリエール侯によれば、「日本の小説家たちはさかんに十五、十六世紀の風俗をとり上げた。その作品に描かれるのはもっぱら、誘拐、人殺し、待ち伏せ、喧嘩、そして悪党一味を滅多切りにして美しい女を助ける剣客たちの勇ましい行為である。国中を暴力と無軌道とが風靡しているのだ。乙女に恋すると、家を取り囲んで襲い、娘を我がものとする。そして娘に飽きると吉原のようなところに売り飛ばしてしまう。人殺しはさして珍しいことではない。毎朝、町の辻々に死体がころがっている」。これはまさしくマインドロン描くところの剣とマントの時代そのものではないか。日本人も、サン・サンドルやクレランボンの命知らずたちと同じように、危険と快楽を賛美するのだ。彼らにとって女性は命を落としても悔いないほど素晴らしいものではあるが、だからといって女性のために自分の自由を犠牲にはしない。男は求愛と戦いを求めてやまない流浪の民なのだ。日本の騎士たちの神聖なる義務は、小ぶりで頭でっかちな満州のロシナンテ（ドン・キホーテの愛馬）にうちまたがり、果たし合いや無軌道な所行を求めて国中を巡り歩くことである。穏やかに暮らすという侘《わび》しい特権をもっているのは病人や僧侶だけだ。その他の者は貴賤を問わず誰もが駆けまわる。侍になれず、黄金の鍬《くわ》形がきらめく黒い兜《かぶと》をかぶる夢を叶えることのできなかった者たちは、海賊船に乗りこんで朝鮮半島の海岸を荒らしまわったり、あるいは街道で盗みを働いたりする。

追剝ぎのような仕事でも、勇敢に堂々とやれば、一目置かれる。石川五右衛門という有名な盗賊が、小説や物語や大衆的な説話によく出てくる。彼は好男子の悪漢というタイプで、善悪いずれもやってのけ、残虐かつ心優しく、大胆かつ繊細な盗賊である。彼の冒険譚のなかに、子供たちもよく知っていて喜ぶ話がある。それは、ある日一人の使者から着物と文書を盗んだ五右衛門が、自分を憎み追いまわしている領主の城で一日を過ごすという話である。五右衛門は最後に、百人もの追手に追われた末、ある寺に逃げこんで雄々しく戦う。そのとき彼はこう叫ぶ。「わが命は惜しくもないが、ここにいるわが子は追手の二十人の命にも匹敵するのじゃ」と。事実、彼は降伏するまでに二十人の相手を斬り殺した。五右衛門は息子と共に油が煮えたぎる釜ゆでの刑に処せられることになった。これを見ようと群衆が押しかけた。刑場の警護には大勢の兵士があたっている。鎖で縛り上げられてもなおまだ五右衛門は人々に恐れられていた。処刑のときになると、役人は五右衛門を釜の傍らに連行し、「息子とともに釜に飛び込め。そしてできるものなら子供の命を守って見せろ」と言った。五右衛門はほほえみ、息子を両腕に高く掲げ、油の地獄の底へと身を躍らせた。彼の身は焼け、命も絶えたが、その腕は痙攣しながらもまっすぐ立ったまま息子の体を釜の外に支えていたという。

伝説やフィクションが、英雄的あるいは騎士道的精神を失わずに、しかもあまり悲劇的でない形をとるケースもある。たとえば、『須磨の桜』の序の部分で吉田が語る歌人、平忠度の物語には雅趣がある。忠度も他の貴族と同じく戦う武士であった。ある日、一門の頭領から部下の兵を引き連れて城を攻撃せよと命じられた歌人忠度は、「かしこまってござる。が、このたびの戦さでは命永らえるとは思えませぬので、出立前に、我が師への暇乞《いとまご》いをお許し下され」と言う。頭領は許しを与えた。忠度は師の屋敷におもむくと、「永のお暇をいただきに参りました。いつでもお目にかかれると考え御無沙汰しておりましたが、このたびはそうはいかなくなりました。私のものといえば歌しかございませぬので、歌を差し上げとう存じます。さらばでござる」。その日の午後、忠度は城へ向かうが、城門は閉ざされていた。彼は桜の花の下に身を寄せると最後のものとなる歌を書き記した。それからおもむろに味方の兵を集め、己が墓への入口となるべき城門へと向かった。

同じように史実にもとづいた物語に、敦盛卿の弟の話がある。この年若い武士はいつも琵琶をたずさえ、休息のときには自作の歌を奏《かな》でていた。ある日、彼は死を免れぬ合戦に出る支度のさなか、一人の友を招くとこう言った。「このたびの戦さではわが方の千倍もの数の敵とまみえるゆえ、わが一門の滅びるは必定じゃ。この世での我らが最後の戦いとなろう。そこでわが胸中を琵琶に託し、貴公との別れを惜しみたいが、聴いてくれるか。」彼が弾く琵琶の音は愁いにみち、従者は皆、目に涙を浮かべていた。弾き終わると琵琶を友の手に渡し、「命あるかぎり琵琶を手離すまいと心に誓っていたが、今日わが命を終えるからには、その誓いも果たした。これからはわが形見として貴公がこれを持っていて下され。そして貴公が弾くときには、わが魂の何ほどかが宿る琵琶なれば、弦の語るところをよくよく聴いてほしい」と言った。そうしてから、黄金の鍬形の兜をかぶり、馬をひかせると笑みを浮かべたまま騎乗の人となった。

これら、日本国民の精神的な糧《かて》となっている伝説はどれも、現在でもなお人々が戦いや気力をふりしぼらなければならないときの励ましとなっている。八年か十年ほど前に奈良の大寺院を見たラドヤード・キップリング（一八六五—一九三六。イギリスの詩人）は同行の友人にこう言ったという。「しかし、この寺を本当にこの猿みたいな小さな人間たちがつくったと君は信じるかね。」ピエール・ロティも四十七士の墓の前でこう慨嘆したという。「これは古代の謎のように不可解だね。この話は、現代の堕落した脆弱な日本人を知るわれわれにとっては説明不可能だよ」と。この詩人たちはなんという誤解をしたのだろう。彼らは日本人の微笑みだけを見て、その微笑みの裏にひそむ力強さと雄々しさとを見てとることができなかった。ヨーロッパ人は日本人が新しい書物で勉強しているものとばかり思っているが、実際は彼らは昔ながらの英雄物語を読んでいるのだ。

4 太刀

神聖にして高貴なもの

封建時代の吾妻の国のある法にいう。「理由は如何あれ、一旦男子が人中で剣を抜いたなら、敵と正々堂々と戦い、これを斃《たお》すまでは剣を鞘《さや》に納めてはならない。」この決まりはもはや成文法ではないが、いまなお実際法として生きつづけている。鏡が女性の象徴であるように、剣は男性の象徴であり、その神秘的な権威は今も失われていない。神社で人々が拝んでいるのは剣である。象牙の柄、入念な細工をほどこした銅製の鍔《つば》、古い革紐、そして宝石のように豪華な鞘をもつ、眩いばかりに美しい刀剣を安置する場所が、どんな慎ましげな家庭にも、またどんなに近代化された家庭にもかかならずあり、家族の礼拝の対象となっている。

日本人が刀剣に置いている重要性がいかなるものであるかは、上野公園の帝室博物館で数時間を過ごせばすぐにわかる。おびただしい数の芸術的な宝物が広々とした各陳列室にある。いたって尊い〝書きもの〟(揮毫)が額縁もなしに埃まみれになっていたり、ひどく貧弱なガラスケースの中にたいそう華やかな絹織物が掛けてあったり、豪華な漆器が暗がりに並べてあったりする。しかし刀剣類の部屋にゆくと、様相はがらりと変わる。ここでは一振り一振りの剣が繻子《しゅす》の台上に置かれ、木製の鞘にはそれぞれビロードの袋がついている。これを、刀剣にほどこされている芸術的な装飾のゆえと考えたら間違いである。いわんや歴史的な名声ゆえにそのような良い場所を占めているのでもない。われわれには不可解なことだが、日本人は鍛《きた》えた鋼《はがね》の一振りに心を奪われるのだ。古代の日本では、刀鍛冶《かじ》はもっとも高貴な人々とされていた。ゴンセによれば、「日本刀が当時世界でつくられた剣の中でもっとも美しいものであったことは論をまたない。ダマスコやトレドの剣は、日本刀にくらべれば子供の玩具のようなものである」。

実際、東京の刀剣コレクターたちはしばしば、十六世紀の刀剣、あるいは奈良朝、平安朝または江戸期のいずれの刀剣であれ、その一振りでドイツやフランスの騎士団のサーベルを一刀両断できる、という賭をしたものである。そして賭にはつねに勝った。このことからも、侍の刀剣がいずれも信じがたいほど高価な理由が納得できよう。柄も鞘もないたった一本の刀が千ドゥロ（1ドゥロは5ペセタの俗称）もすることさえ珍しくない。古い記録によると、将軍からフェリペ二世に刀剣が宝物として贈呈されたことがある。記録には「それらの剣はこの世に並ぶものなき埋忠明寿《うめただみょうじゅ》（江戸時代初期の京都の刀工）の傑作であった」とあり、そのうちの一本はある大名によって試し切りがなされたが、「ほんの一打ちでまだ新しい二つの死体の首が飛んだ」と述べている。また、戦場の敵を甲冑の上から両断したので名高い、後藤一門の銘入りの刀もある。

礼節がひとつの宗教のようになっているこの国では、刀剣に対する礼は王の笏杖に対するそれよりずっと複雑で厳格なものである。人の前で刀の柄に手をやることは相手への挑戦を意味する。刀の先を相手に向けて床に置くと血をみる侮辱となる。刀を腰から外すときは、そこに居合わせた人々の許可をえる必要がある。腰に刀を帯びたまま友人の家に入る者は友情の絆《きずな》を断ち切らんとする者である。武士は、玄関にいるその家の召使に自分の刀を白絹の布に包んで渡さなければならない。刀を左に置く者がいたら、彼は襲撃されることを恐れているのである。乞われもしないのに刀を抜いて見せるのは慎みのないことである。こうした作法は、遠目には微笑ましく見えるが、実はそのために多くの血が流されてきたものである。十七世紀の末、メルキセデクが出版した『オランダ（東インド）商館長報告書』の中に意味深い逸話がある。ある日、友人である二人の武士が将軍の城内の階段で出会った。すれ違ったときに二人の太刀が触れあった。一人が立ち止まり、これはいかにと問いただすと、もう一方が丁寧に返答し、その行為がまったくの偶然であったことを請けおい、微笑みながらこうつけ加えた。「いずれにせよ、我らが剣は同じように値打ちのあるものゆえ、ぶつかったとて我らが恥辱にはなり申さぬ。」すると彼の友が、「わしの剣は違う。他のいずれの剣よりも勝っておる。今それを見せてやる」と答えるや、腰から剣を抜き腹を掻き切った。もう一方の武士は、丁度そのとき将軍のもとに伺候するところだったので、そのまま階段を登って行ったが、退出してくると、友人がわずか前に死んだばかりの場所に立ち止まった。そしてこう呟くと、やはり自分の腹わたを引き抜いたのである。「わしの剣が、他の者——その者が生きていようが死んでいようが——の剣に劣るなどと思われてなるものか。」

刀剣は忠誠と勇気、高雅さと優美さ、および徳の最高の象徴として、古歌や庶民の芝居や神官の祝詞《のりと》など民衆の魂を反映するものすべてに姿をあらわす。将軍家康の警句にいう、〝己の剣を忘れる者は、己の名誉をも忘れる〟と。身分の高い武士が本意なく落ちぶれる物語がある。彼は財産を売り払い物乞いをし、果ては窃盗の罪まで犯すにいたるが、高価な剣だけはけっして手放そうとせずに餓死する。剣は彼の誇りの最後の拠《よ》り所だからだ。もはやいかなる夢も消え、望みも失い、己が命さえ卑しむべきものとなっても、清らかに誇り高い鋼の一振りだけは、その権威を保ちつづけるのである。

下賤の従卒でも刀剣の素晴らしさには頭を下げる。そのことを証明する物語は枚挙にいとまないほどある。大名に目どおり願いたいと屋敷の門を叩く、見すぼらしい身なりの人間は跡を絶たない。初めのうち門番たちは横柄な笑みを浮かべているだけであるが、その訪問者が腰に立派な刀——どこにでもある凡庸な刀とはあきらかに違う刀——を帯びているのを見ると、その貧しげで見すぼらしい人間に腰をかがめて彼のいうことをきくのである。このことからも、もっとも優れかつ偉大な芸術家にして高名な彫刻師たちが、単なる銅製の柄の彫刻にその生涯をかけた理由が納得できよう。

芸術家で裕福な日本人の家を、諸君が訪ねてみたとしよう。彼らは、狩野や春信の署名入りの崇高なる書画よりも先に、そして魔術師・笠翁（小川破笠 一六六三―一七四七）や素晴らしい光淋の漆塗りの箱より先に、また友禅（宮崎友禅斎）が刺繍した古い家紋付きの豪奢な絹物やマサナオが彫った小さな象牙細工や古い磁器の逸品よりも何よりも先に、まず伝統のある素晴らしく立派な古刀を、この上ない尊敬の念をこめて諸君に見せてくれるだろう。そしてこのとき彼らには、刀が正宗、祐定、神息、宗近または他の不朽の名匠の手になる作であるという権利があるわけだが、その名前を口にのぼらせるときの彼らの厳かな表情に、諸君はきっと気づくだろう。寺院でさえ、格天井や彫像よりも、由緒ある刀剣の方を誇りにしているのである。日光の東照宮の中に入ったら、堂守僧に神社の一番の宝物は何かと質問してご覧になるとよい。彼はたちどころに「家康公の太刀です」と答えるはずである。そして鎌倉の八幡宮でも、山々の御堂でも、一番大切にされている遺物は刀剣、とにかくどこでも刀剣なのである。

古刀の価値

私は、林氏が氏の所有になる刀剣を見せてくれた日のことを今でもはっきりと覚えている。場所は氏の邸内にある半ヨーロッパ風のホールだった。広い窓から庭の百合の香りが流れこみ、穏やかな春の陽ざしが刀身の光る肌にあたっていた。「ここにはすべての時代のあらゆる形の刀があります。ご覧なさい、それぞれ違います。」

恥をしのんで告白するが、私にはその違いがわからなかった。形も特徴もみんな同じに見えた。ただ柄と彫りの部分の違いだけはわかったのだが、それはまさに取るに足らぬことだった。飾りなどは二義的なものだ。関心の対象は鋼そのものであり、その硬度と特定の銘にある。したがってコレクターが自分の収集した刀剣を見せるとき、漆塗りの鞘――芸術的な入れ物である――も一緒に見せるようなことはしない。見るべきもの、もっとも称賛すべきは刀身なのである。もしや諸君は、日本の鋼の板を単純なものと考えておられるかもしれないが、そうなら、パリの武器博物館の館長が記した次の日本刀の分析報告書をご覧いただきたい。

「刀身を三つに割って調べたところ、芯はきわめて頑丈な鉄の板になっており、幅広い刀身の両側面と刃の部分が鋼の薄い膜で覆われていることが分かった。両側面の鋼は刃の部分のそれほど強くはないが、これは焼き入れ法によるものである。刀工は、薄い鉄の表面の三方を鋼の膜で覆い、鉄と鋼の組織を鍛え繋《つな》ぎ合わせることで真正なる一枚の薄い金属版をつくりだすに至ったものと、われわれは推測する。鉄と鋼の強度は完璧に釣り合いがとれており、これはかなり大変な仕事だったはずである。これを見たヨーロッパの武器作りたちは、このような仕事が人間技でできるとは思えないと述べた。」

この意見について、次のように述べる日本人は一人にとどまらないだろう。「その通りです。真に優れた刀剣は人間の手ではなく、神の手によってつくられたのです。」

伝承によれば、美しい刀剣は稲荷明神の霊験によってできたという。刀匠が心底その仕事を愛《いと》しめば、兵士と女性の守護神である明神が手を貸し、彼のつくる武器に魂を与えてくれるのだ。剣がひとりでに漆塗りの鞘から飛び出し、復讐したり、罰したり、守護するという伝説が多くあるのはこのためである。ある日、一人の従僕が剣を盗み、それで別の従僕を殺した。ところがその気高い刀身についた血は拭っても消えなかった。従僕は剣を研ぎに出したが、血は刀身の芯にまで染み通っていたという。またある剣は、持ち主があるとき邪悪な目的のために使おうとすると折れてしまった。ゆえに侍たちが刀を忠実な仲間、誠実な友、心優しい兄弟と見なし、名をつけて大切に扱うのは少しも不思議ではない。後水尾天皇の遺言状に、「朕《ちん》が心から慈しんだ太刀ジョウキマサメを太子に遣わす。小刀、豊後ジセロウも共に遺し与える」と記し、次のように続けている。「いつの時も太刀は朕の愛《め》でしものなり。願わくば太子も太刀を尊崇せんことを」と。以上はすべて畏友、林氏の述べたところである。彼がこう語るあいだ、春の陽がずっと、氏の古くからの収集品である見事な刀身を敬うかのように包みこんでいた。

刀剣の専門家たちは、近代の刀剣にはもはや昔のような価値はないと言う。ゴンセによれば、「十八世紀以降、刀鍛冶は歴史から姿を消した。」それ以前の刀工たちは、日本の歴史の輝かしいページのどれにもつねに最初にその名を連ねている。八世紀にはシウムンがもてはやされた。彼の太刀は素晴らしく優雅で強靭であった。京都の宮廷では、国家の繁栄と平和のもとに貴族たちが太刀を飾りたてることにうき身をやつしていた。なかには、一本の柄を作らせるために、彫師一門を何年ものあいだ丸抱えにした貴族もいた。シウムンにつづいて、神息と真守《さねもり》があらわれた。彼らの手になる太刀は優れた傑作とされている。時代も華麗な武器に見合った時代であった。勝者であり政治を一手におさめた時の独裁者、藤原氏一門とその武将たちは、あらゆる面で無敵の優越性を示す必要があった。太刀は名のある鍛冶場から出るやいなや、かつてないほどの、そしてそれ以後もなかったほどの名声をえるにいたった。今日でさえ、イタリアの収集家モンテフィオーレなどは、本物の真守一本を所有していることで、世界中の日本研究家のあいだで彼の名を知らない者がないくらいである。

十世紀のもっとも有名な刀匠は宗近である。十一世紀は吉家。もう少し後の時代になると、楽天家で鷹揚《おうよう》な後鳥羽天皇が、刀鍛冶を保護すれば刀の価値を損なわずに大量生産ができると考えたため、世の中に太刀が溢《あふ》れかえるようになった。どの貴族も、月ごとに太刀を替え、衣装によって替え、宴のたびに替えるようになった。しかしこの時代、大勢いた太刀造りのうちで、後世に名を残した者はごくわずかである。十三世紀でもっとも有名な刀工は、吉光、国行、国俊である。十四世紀は政宗、兼氏、兼光。十五世紀は兼定、包真、氏房。冒険と決闘、騒乱、無軌道の十六世紀は芸術の香り高い絢爛たる時代であり、埋忠明寿、春光、祐定、清光、康継の太刀を生み出した。この時代ほど、美しい武器をつくり出すにふさわしかった時代は他にない。この時代に、宮廷の諸儀式に則って武士道と優雅さの規範が確立されたのである。すべてが華やかな儀典にもとづき、儀式ごとに一振りの太刀が必要とされた。剣による言葉は悲劇的な重みをもつようになり、武器に拝礼しないということは、その持ち主に決定的な侮辱を与えることを意味した。刀工たちは宮廷できわめて高い身分を獲得し、彼らの作品は法外な高値で売られた。巨匠の手になる一振りを所有することは、ある種の安全手形を所持するようなものだった。このような習慣は幕府制度の時代もずっとつづいた。

武士の魂

十七世紀、侍たちの太刀への愛着がいかなるものになっていたかは、演劇史のなかにある次の挿話をみてもわかる。一六六〇年頃、幕府は、遊廓と同様、芝居小屋へも何人《なんぴと》といえども武器を持って入ってはならないという法度をつくった。この時代、もっとも芸術的で教養の高い階層をなしていた武士たちは、この法が実施されないよう願い出た。というのも、平和時の彼らの楽しみといえば観劇だけだったからである。幕府はこの願いを取り上げず、法令が厳しく実施されるよう命じた。すると侍たちは怒りも抗議もせず、ただ美しい武器を帯びて公共の場に出られないという理由だけで、芝居を楽しみにゆくことをやめてしまった。有馬スケマロ氏によると、「昔の、名誉を重んじる真の男は家の中で独り畳に座しているときですら、二刀を身から離すことがなかった」という。

ラフカディオ・ハーンは『グリンプシズ・オブ・アンファミリア・ジャパン』(『知られざる日本の面影』)の中でごく意味深い逸話を紹介している。横浜のあるイギリス人が、一人の零落した侍を日本語の教師として雇っていた。その侍は、昔の栄光を示すものといえば、十六世紀の刀工の作による立派な刀の他には何ひとつ持っていなかった。ある日、貧しい侍はイギリス人に千円貸して欲しいと頼み、刀を担保にした。一年後、彼が金をかき集めるのにどんなに苦労したかは想像を絶するが、とにかく彼は借金を返した。時が過ぎ、教師と生徒の関係は冷えていった。とうとう不穏な空気の中でいさかいが起き、イギリス人は彼に平手打ちをくわせてしまった。なぐられた方は本能的に刀の柄に手をやったが、抜きはしなかった。侍は打ち沈んだ様子で去って行った。イギリス人は冷静さをとりもどすとすぐに、明日になったら彼に会ってあらゆるかぎりの弁明をしようと心に決めた。ところがその夜のうちに、次のような文面の手紙が届いた。「それがし、自決せしことを謹んでお知らせ申す。男子が由々しき侮辱を受けながら報復できぬは面目なきことでござる。他の場合なれば、それがし、年をとったりとは申せ、必ずや討ち返さずにはおかぬところなれど、この度は違うてござる。と申すも、太刀は忠義なるものなれば、貴殿が一年の間所持せしことを忘れは致すまい。その太刀を貴殿に向けて抜くことあたわず、それがし死を選ぶことに致した」と。そして事実、彼はハラキリをしたのである。

日本人は死の最期の瞬間においても武器に対する尊敬の念を失わない。切腹の場で、腹を割くのに用いる刀に対して〝自決者〟が敬意を表することは、どの歴史資料にも記録されていることである。切腹者の友人つまり介添え役は、剃刀のように研ぎ澄ました小刀を絹の豪華な袱《ふく》紗《さ》――高価な贈答品を包むのに用いるのと同じもの――の上に置き、これを彼に差し出す。切腹する者はそれを受け、じっと見入ると拝礼し、刀を額のところまで二度持ち上げる。そして柄を握る。これが至高の瞬間である。その後、切腹の緩慢な苦悶を避けるため、友人の慈悲により首が落とされ、毛氈《もうせん》の上に転がる。介添え役は近寄り、腹から刀身を抜き、血を拭いもせずに白い布で恭しく包む。この刀は形見となり、自決した者の親族によって仏壇に安置され、誇らしげに他者に示されるのである。

私は、パリの収集家から東京の競り市で信じられないような高値で買ったという刀を見せてもらったことがあるが、それは十七世紀に、ある侍が切腹に使ったものであった。その刀には何の銘もなかったが、無名の刀工が造ったということではない。むしろ刀の全盛時代には、偉大な刀匠でも銘を入れることはしなかった。というのも、当時の知識人が皆、何の苦もなく作者を見分けられることを、刀匠たちがよく承知していたからである。

その収集家は私に次のように語った。「二万フランでも、このような刀を手に入れるのは容易ではありません。日本人は自分たちの宝物の価値を知っていて、高値をつけるばかりか、国外への持ち出しをむずかしくしていますのでね」と。

一六九〇年のカタログで、有名な刀匠の作品は刀身のみですでに一万フランの値がついていたそうである。この話をしてくれたオランダ人たちはこうつけ加えた。「買いたいのは山々ですが、買う勇気はありません。持ち出したり、ヨーロッパの博物館に売ったりするのが不可能だということがわかってますから。」実際、かつて、立派な刀剣類を集めて国外へ送ろうとした長崎のある代官は磔の刑になり、見せしめとされたのである。

5 社寺

日光、この華麗なる聖域

神社の鳥居をくぐる。夏の午後の気高い静寂のなか、千古の森の声と伝説と渓流の音を聞くために、せわしげな町々には立ち寄らず、まっすぐにこの国の心臓部へとやってきた。

私が泊まっている小さな家は北斎描くところの家、あの信じがたい平衡を保って高みにひっかかっている虫喰いだらけの壁の家、にそっくりである。部屋の小さな紙の窓を開けると、蟬の声や木々のざわめきに混じって百合の香が流れこんでくる。はるか下方の谷底には水色の泡を浮かべた急流が岩をかんでいる。しかし驚くのは、ここでは百歩行くごとに滝に出会うことである。目の前のこの滝は寂光の滝で、水が荘厳な巨岩の階《きざはし》を伝って滔々《とうとう》と流れ落ちている。そのむこうには氷のような冷たさで有名な慈観《じかん》の滝、もう少しむこうにあるのは古典的日本八大不思議の一つ、大谷川《だいやがわ》。その先にある白糸の滝は、銀髪が波打つように見えるのでこの名がつけられたという。あたりの岩の上には滝を詠んだ歌が数多く残されている。ある歌碑には、〝二つの岩の間にみえる青き虚空の如き清澄さ〟と記され、もう一つには〝水の流れにわが額を冷やせば、すべての悩みは消え去りぬ〟とあり、別のには〝着物を脱ぐ恋人の足もとに落ちる白い帯のよう〟とある。碑文はもちろんこの土地が詩的な伝説の場所であることを教えてくれているわけだが、山の名そのものも詩的である。日本人は、日光を見たことのない者は、美というものを知らないと確言する。キップリングやロティのように偏見を抱いてこの地を訪れた者でさえ、「地上でもっとも美しい芸術的な聖域を発見した」と告白せざるをえなかった。著名なドレッサーは、「これは見事な色彩の驚異であり、アルハンブラにも比肩しうる、というより千倍も優れている」と記している。悪い冗談のように聞こえるかも知れないが、それはまったくの真実である。

日光は、日本のあらゆる聖地がそうであるように、ある奇蹟に由来している。開山の勝道上人は、高藤介の息子で下野地方に天平七年の四月二十日に生まれた。幼少の頃より慈悲深く、仲間たちからは〝寺の虫〟と呼ばれた。七歳の頃、寺にいた彼の前に天の使いがあらわれ、こう言った。「我は、セイシュウメイセイテンシン（明星天子のことか）なり。神々の名において汝に英知を授けん。」賢い少年は謙虚にも自分が霊感をもっていることを人には知らせなかった。二十歳のときに出家し、出流《いずる》の洞窟で三年間の瞑想に入った。その後さらに三年間、別の洞窟で独居の日を過ごした。西暦七六七年にあたる天平神護元年、彼は山に入るべきだと感じた。不思議な声が彼に行けと命じたのだ。昼も夜も休みなく歩きつづけ、とうとういくつもの滝の源流となっている青い稲荷の淵にたどり着いた。淵は深く、水嵩《みずかさ》があり、浅瀬はどこにも見つからなかった。聖なる巡礼者である彼はそこに跪《ひざまず》き、そのままの姿で一週間ほどが過ぎた。力が萎《な》えはじめたとき、川の対岸に〝悪魔の如き〟天の使いがあらわれ、赤い巨大な二匹の蛇を示してこう言った。「我は深沙大王である。玄奘三蔵が中国よりインドへおもむきし折、経文を唱えた功徳により砂漠を渡ることができた。汝の祈りも報われるであろう。渡るがよい！」この言葉が終わるやいなや、二匹の蛇が川に身を躍らせ、勝道上人の渡るべき橋となった。こうして上人は日光開山へとおもむくことができたのである。

この話をしてくれた博学なる案内人は、私が彼の言うことを信じていないと思ったらしく、話の根拠として『ボウソウコンリツキ』（『補陀洛山建立修行日記』のことか。或いは『日光山瀧尾建立草創日記』との混同も想像される）という名の聖典をあげた。さらに彼はこうつけ加えた。「勝道上人の奇跡的な生涯を研究した中国の博士たちは、上人が信仰すべき偉大なる聖人であると確信するにいたりました。もしあなたがお望みでしたら、宿へ帰ってから、あなたが納得いくように、李コウメイの年代記の一章を訳してさしあげましょう。」

しかし、この地の神聖なる縁起を理解するのに中国の書物は必要ではない。すぐむこうの杉の巨木の間に姿を見せている塔が、まさにその美しさで〝奇跡〟の半分ほどは語ってくれている。というのも日光の建築物はまさしく芸術上の奇蹟、華麗なる奇蹟だからである。夢でさえこれほど素晴らしくはない。これはどんな想像力も色褪《あ》せてしまう現実である。われわれがお伽噺《とぎばなし》で知っているものより、はるかに豊穣で、ずっと繊細で、かつ巨大である。千一夜物語の王宮でさえ、これらの建造物を前にしたら顔色を失うであろう。ドレッサーからロティ、ローウェルからキップリングにいたるどの旅行記を読んでも、著者たちがこの素晴らしさを叙述するのに無力であったことがわかる。彼らは言っている。「これを表現するのはまったくの不可能事である」と。

杉の巨木がつづく並木道を通り抜けると、三つの大きな社殿を擁する比較的こじんまりとした場所に出る。遠くから樹間に姿を見せていた、赤い壁に金銀の線細工をほどこした青塗りの五重塔は、これひとつだけでも一国を有名にするに十分であろう。しかしこの塔はほんの鐘つき堂くらいの重要性しかもっていない。塔の下部に、徳を象徴する猿の浮き彫りが見られる。口や目や耳を抑えて思慮分別を表現している猿や、敬虔《けいけん》な様子でじっと信仰を示す猿や、切り立った岩を登るものの手助けをして慈悲をあらわしている猿もいる。彼らの毛深い身体やグロテスクな顔はどれもこれもあまりに表情が豊かなので、この猿たちの様子を一度見たら永久に記憶に刻みこまれてしまうだろう。猿たちのこの身振りから、何世紀にもわたって日本のいろいろな諺が生まれてきたのである。

もう少し行った先にある社殿は、壁にこのうえなく見事な鳥と花の彫刻がほどこされている。鳥と花が混じり合い、調和し、自由奔放な群れをなしている。雉《きじ》の玉虫色の翼《つばさ》と孔雀《くじゃく》の紅色の尾羽とが、バラや牡丹《ぼたん》の色調の激しさを際立たせている。どの花も鳥も虫もそれぞれが一個の芸術的な宝石である。名高い彫刻師たちが何年もかけて彫り刻んだ上に、これも有名な絵師たちが根気よく写実的な色をさしていったのだ。

また、それぞれの社稷の門を守っている神々も大いに称賛されるべき作品である。作成にはそれぞれ丸五年もかかった。石の上にのぼっているのは大黒天、つまり富の主だ。絡《から》まりあった角が頭髪となっており、その笑顔にはどこか猛々しさが感じられる。手には、はち切れそうな袋を持ち、首には黄金と宝石の織布を巻いている。漆塗りの囲いの中のもう一方の窪《くぼ》みには、神経が透けて見えるほど大きく目を見開いた悪魔が、身振り手振りをして踊っている。その傍らには弁天すなわち美の神が、あらゆる不幸を癒すべく微笑をたたえており、日本芸術独特のコントラストをなしている。そして黄金の槌を振り上げて怒り立つもう一つの像は何者かというと、侍の守護神・毘沙門天《びしゃもんてん》に違いない。さも楽しげに高笑いしているのは気の良い布袋《ほてい》であろう。酒飲みや歌好きたちの保護者である布袋は、仏陀が酔っぱらったような陽気な神である。

二つの霊廟

二つの大社――家康の霊廟と家光の廟――のどちらかに入ってみることにしよう。家光廟の入口の扉は黄金細工がほどこされ、まるで聖杯のように光り輝いている。金色の縁取りをした空色の天井は巨大な翡翠《ひすい》を見るようだ。家康廟の扉は色とりどりのレースのように見え、前面に象牙の柱列がある。入口へ登る五段の階段は青銅製で彫刻がほどこしてある。両廟とも、内壁や格天井や装飾が同じように素晴らしい。二つの異なった霊廟というより、むしろ同じ廟の二つの姿といえる。色彩、モチーフ、配分など、すべてが双方同じようにくり返されている。ロティは言う。「実際のところ、この神々の宮殿のどちらがより美しいかわからない。不思議なのは、一つの民族が同じものを二つ造りだせたことである。」

霊廟の内部に入ると、超自然的な印象が心をとらえて離さない。繊細さの中に豪華さがあるというのは実に幻覚的である。日本の社寺は、カトリック寺院のように巨大でもなければ、大勢の人々のために建てられたものでもない。それは数少ない貴族のためのものであるから、当然細部まで見渡すことができる。金や漆、象牙、翡翠、青銅、絹、線細工がいたるところに使われている。建築——まさしくこれは建築そのものである——に用いられている高価な木材には、目に見えない所にまで彫刻がほどこされている。守護龍が不思議な集合体となって腰板に身を伸ばし、あるいは柱を昇り、かつ壁の下部を這いまわっている。炎の目をした龍は膨大な宝物の番人か、はてはおびただしい数の羊を守る牧者のようでもある。というのは、廟の内部には途方もない数の、名も知れぬ動物たちがひしめいているからだ。軒から身を乗り出しているのは、長いたてがみと翼をもったライオンであるが、その尾は魚である。孔雀は素晴らしく大きな金と紫の羽を引きずっている。朱鷺《とき》は嘴《くちばし》を天井にまで届かせ、その足下には鰐《わに》の頭をした犬が大きな口を貪欲そうに開けている。半身が牛で、半身が鼠《ねずみ》、手は人間の手という驚くべき生き物が、遺物を納める聖櫃《せいひつ》を捧げている。柱頭には、三角形の胴体をした多頭の蛇の群がとぐろを巻き、もつれ合いながら柱を下りてくる。そして龍に劣らぬ数のさまざまなキマイラ（ギリシア神話の怪獣）、それも不死鳥の翼をもつ白いキマイラが扉の上方に巣をつくり、かつ羽目板の空間を埋め、花々や木の枝の陰にも隠れている。

日本人は、動物たちにかくも恐ろしげな姿をあたえる一方、草木には世界のどこの国にもない魅力をあたえる術を知っていた。花や草木が彼らにとってなにか神聖なものであるらしいことは当然推測できる。日光の神官が礼拝の場であげる祝詞《のりと》には、「大地は、あらゆる生き物に命をさずけた母である」とある。だれもが大地を賛美するのはこのためである。大きな木も小さな草花や石もわれわれが踏みつけている砂も、水や嵐、そよ風、渓流のせせらぎ、鳥のさえずりや花の香りも、すべて大地讃歌の一節以外の何物でもない。民衆の祭壇のなかには、花盛りの柳の命を救ったという伝説上の人物を祀《まつ》ったものまである。

花は神聖なものなのだ。花は命をもち、愛することができ、わがままもいえば欲ももっている。花は茎から離れたくないばかりに、葉を落として死んでしまうこともある。また時には、通りかかった美しい蝶を見ようと身をかがめたり、愛撫しようとしたり、歓びに身を震わせたりもする。彫刻師たちは日光の廟社の中に、そんな花のさまざまな姿態や神々しいばかりの華麗さを、あますところなく表現した。天井にはみごとな菊や紫陽花《あじさい》、蓮や百合の花が描きこまれ、消え入るようなバラ色に空色や緑がかった金色が、かすかなトーンで夢のように魅惑的なシンフォニーを奏でている。中央では巨大な花冠が女性の姿に変わっている。しかし、天井画のすべてをここに描出することは、いかに簡略にしてもとてもできることではない。ここには、彫刻をほどこした金色の梁《はり》と白地に浮かぶ謎めいた姿とが組み合わされていたり、満開の花枝の間に不死鳥がいたり、金の紋章の上で緑のヒドラ（ギリシア神話の七つの頭を持つ大蛇）が身をくねらせていたり、彫刻の上に高価な宝石のような七宝を焼き付けた円形の浮彫りがいくつもあったりする。漆塗りの塀にいたってはもう言葉もない。一つだけ——たとえば家光廟の拝殿にめぐらしてある透塀——をとり上げて言えば、それはあまりにも素晴らしく豪華でかつ完璧なので、いかに想像力をかき立ててもとても現実の美しさに及ぶべくもない。偉大な彫刻家たちの手になる、銅で覆われたまるで金属のレースのような屏風を想像していただきたい。それも高さ一〇メートル、幅五〇から六〇メートルのもの。金色の輝き、漆の光沢、色とりどりのフリサード（玉状の毛羽を立てた絹布）を想い浮かべていただけば、おおよそのイメージはつかめるだろうが、それでもまだまだ漠然として迫力に欠ける。

要するに、人間の言葉をもってしては、ここにある見事な技巧、気品、光、調和、華麗さを言いあらわすことはとてもできない。たとえば、ヨーロッパのもっとも立派な建造物もこれに比較したら見すぼらしくみえると言ったところで、それは単なる文章に過ぎない。現実は感覚的なものであるから、それでは足りないのだ。現実の強烈さと、それを表現する言葉のおぼつかなさとの間には、なんという落差があることだろう。ラドヤード・キップリングが唱えた次の言葉が、多分この場合の唯一納得できる言葉であろう。「これは、神なら造り給うことができたであろうように造られている。」これが、言えることのすべてである。黄金の天井や漆塗りの塀、象牙の塔、青銅の灯籠など、その色や線、豊かさや優美さで人を魅了するものすべてについては、ただもう、素朴な人々が呆然と立ち尽くしたまま見とれるように、説明や描写やほのめかしなど一切せず、こうくり返すのがよいだろう、「素晴らしい……」と。

6 サムライ

神格化された武士

数日前から、サムライたちのことが世上の話題となっている。彼らは見たところ悲嘆にくれ怒り狂っているらしい。昔のように刀をもって天を脅かしているそうだ。それなら、上野博物館のきらめく刀剣に生気がよみがえり、前世紀（十九世紀半ば）に京都の朝廷から江戸の幕府まで震撼させたあの騒ぎのときと同じように、剣や鎧兜《よろいかぶと》が東海道を埋めつくすに違いない、と私は考えた。しかしこの場合も常と同じく、現実は夢想より色彩に乏しかった。現代のサムライたちは山高帽に黒っぽい着物を着、金縁眼鏡をかけている。私は、ざわめく群衆の中から彼らがあらわれ出て、老練な猿《ましら》のごとき身軽さで大衆の前の演壇によじ登るのを見た。演説の身振りは控えめで、その攻撃するところはもっぱら統計資料にあるらしかった。しかし、だからといってヨーロッパ人が考えているように現代の日本人が昔の日本人に劣るとは思えない。彼らは少し地味で、見栄えも少し劣るが、それだけのことである。根底は変わっていない。

この国の英雄主義と優雅さは、たいしたものである。闘争のほんのかすかな風が吹くだけで伝説的な騎士道がよみがえるのだ。昨夜、激昂した暴徒の群がロシア正教会に押し寄せたときのこと、警察のある指揮官が彼らにむかってこう叫んだ。「私も部下も諸君に対して武器を使うつもりはない。しかし、もしこの異国の建物に火をつけたら、われわれは諸君の目の前で腹を切る。」すると、昔の源氏の英雄が、戦いの最中にもかかわらず敵方の平氏から誉めそやされたのと同じことが起きた。つまり今日のデモ隊も、この毅然たる警官に歓呼の声をあげ、松《たい》明《まつ》で放火することなく引き揚げたのである。このとき、東京の別の場所では、内閣とは何の関係もない老齢の東京市長が刀を手に、軍人たちよりもずっと勇敢にある官庁の入口を守っていた。さらにあるグループにいたっては、もし暴徒が日本のロシア正教の司教を襲うなら司教を守って死ぬと誓言していた。

すべてが昔の武士階級の威信と完全に相い和している。サムライの原理というのは、末期の苦悶の際にも微笑を絶やさず、憎しみの中でさえ礼節を保ち、けっして命を惜しまないということだ。武士の規範には、〝まず己に克つこと〟とある。これは各人の中にある卑しく利己的な心と獣性に打ち克《か》ち、渋面を微笑でおし包むことと理解されている。古い書物にそう記されている。「百戦の勝利者と己に克った者とでは、後者の方がずっと偉大である」と。ダンマパダ（北畠親房？）がそう言っているのだ。「克己の勝利は、たとえ神であろうともこれを敗北に変えることはできない」と彼は言う。日本の宗教自体、美しい英雄主義の教えに他ならない。

というのは「神道」とは忠実で勇敢な特質を意味しているからである。日本最古の聖典である古事記の中の寓話や伝説では、他のどんな徳目にもまして英雄主義が称揚されている。ある日、女神・天照の弟（須佐之男命《すさのおのみこと》）が山の中を歩いていると、二人の老夫婦が、恐ろしい竜に娘を奪われたと嘆き悲しんでいるのに出会った。黄色いサン・ホルヘ（剣を持ったキリスト教の聖人）は、すぐさま太刀を抜くと聖なる身を危険にさらしつつ怪物と戦った。

また別の話では、逞しい都夫良《つぶら》はある日、自分の城に一人の見知らぬ若者が入って来るのを見た。「お助け下され。大長谷《おほはつせ》の主が兵を率いて私を追って参ります。」大長谷《おほはつせ》の主の力は計り知れないほど強大であったが、しかしそんなことは問題ではない。弱者を見捨ててはならぬという掟に従って、彼はその若者を匿《かくま》った。やがて敵軍が城を包囲し、もし逃亡者を引き渡さなければ城を焼き討ちにすると脅かした。城主は櫓の上に姿をあらわして言った。「手強い敵の将に申し上げる。もし貴下が軍勢を引き揚げるなら、わが娘、韓《から》姫を差し上げよう。わが財宝もすべて差し出そう。当方には戦いに勝てる見込みはまったくない。しかし、もしわが申し出を受け入れず、かつわが庇護を求めてきた者を是が非にも渡せと申されるならば、槍も矢の用意もないが応戦いたすであろう。」

戦いははじまった。城はほどなく包囲軍の手に陥ちた。逃亡者は言う。「お味方は敗れました。私を殺して敵と和を講じて下さい。」「それはできぬ」と都夫良《つぶら》が答える。「貴殿はわが城にいる客人である。私にできる唯一のことは貴殿の傍らで死ぬことだ。」こう言うと、彼はすぐに切腹してしまった。物語は、〝彼こそ本当の侍だった〟と結んでいる。伝説的なもう一人の侍は悲劇の松王である。彼は主君の若君を救うために自分の息子の首を切ったのである。

これら侍の英雄たちは皆、神格化されている。しかし、サムライ教の中でもっとも崇拝されている聖人、つまりもっとも日本的な徳が高いとされているのは四十七士であろう。東京郊外にある彼らの墓地（泉岳寺）は国民の聖地となっている。

侍のもう一つの規範は正義である。忠誠な魂は汚れなき良心によって導かれる。武士は齢をとって腕が鈍《にぶ》ったと知ると司法職に献身するようになる。裁判官は一般に年寄りの侍である。このおかげで、法の裁《さば》きとその公正さは無敵の力をえる。懇願も取引も脅迫も、裁く人間の心に何の影響力も与えないからだ。ヨーロッパで〝お国の為〟と呼ばれる政治的な利害でさえ、ここでは完全に取るに足らないものとなる。十二年前、ロシアの現皇帝（ニコライ二世。当時は皇太子）を京都（実際は大津）で暗殺しようと企《くわだ》てたある警官に対して行なわれた裁判（大津事件）は、確固たる意思と直《す》ぐなる良識のなしうるところが明確にあらわれた例である。時の内閣は、ロシアの抗議を回避するために、罪人に死刑の宣告が下されることを望んでいた。ところが裁判官たちは、法律に照らし合わせた結果、単なる暗殺未遂に死刑を科すことはできないと回答した。

政府は大審院判事たちを罷免し、もっと気心が知れた者たちを任命した。しかし、その結果出てきた判決も最初のものと同じだった。このとき、太陽の女神の聖なる御子、けっして謬《あやま》ることのない天皇は、その権威をもって内閣を助けようと判事たちを呼び、裁定を改めるよう忠告した。すべては無駄であった。最長老の判事が答えた。「もし、われわれが法を行使したがゆえに、ロシアが攻めて来るということでありますならば、われわれは祖国を守ってすぐにでも死にましょう。しかし正義は正義なのであります。」

このようなわけで、日本にいるヨーロッパ人たちが、領事法廷で日本人に実際的な法律学を教えてやったなどと自惚《うぬぼ》れているのを見ると、日本の歴史の内側を知る者にとっては片腹いたい思いがする。実際、日本列島の人々はどの時代においても、義務と忠誠心そして正義に対する宗教的な理念をもっていた。極東の国・日本の民の聖典である北畠親房の『神皇正統記』は、政治に関する章の中でこう述べている。「統治の理念は厳正なる正義にもとづく。これは天照大神が我らに与え給うた教えである。まず最初に、善を讃《たた》え悪を罰するに公正であることを知るべきである。その際けっして優柔不断であったり手ぬるいことがあってはならない。」この教えは単なる虚しい言葉ではない。

正直はひとつの宗教的な戒律である。昔の裁判官で誠実さの典型ともされている偉大なる板倉重宗（京都所司代）は、民衆が神道の神のように敬っている人物である。この判事は屏風の陰に隠れて裁判を執《と》り行なうことを常とし、訴えを聴いている間、茶を挽《ひ》いていた。「何故、そうするのか」とある大名が尋ねると、かの判事はこう答えた。「被告を見ずに訴因を聴取する理由は、世の中には好悪の感情というものがあり、顔によって信頼が置けそうな顔と、そうでない顔があるためである。彼らを目にすれば、誠実そうな顔をしている人間の言葉は正しく、一方、虫の好かない人間の言葉は正しくないと思いこむことになろう。目から入る心証はかほどに強いので、われわれは証人の口が開く前に、これは悪者、あれは善人などと決めてしまうほどである。しかし、訴訟が進むにつれて、われわれに悪印象を与えた者の多くが好感をもつにふさわしく、反対に好ましかった者の多くが汚らわしい人間であったことがわかってくる。また、法廷に出頭するということは、たとえ無実であっても恐ろしいことであろう。人によっては、己の運命を握っている者の前に出ると萎縮《いしゅく》してしまい、自分を守れず罪もないのに罪人のようになってしまう者もいる。」大名がさらに、「なるほど。しかしどうしていつも茶など挽くのか」と訊くと、「それは次のような理由からである。人を裁くときにもっとも大事なのは感情に左右されないことである。真に立派で決然とした人間はけっして感情に動かされることがない。しかし、私はまだまだ未熟である、そこで自分の心が平静であるかどうか確かめる方法としてみつけたのが茶を挽くことなのである。心が平らかで静かなときは、手も同じ状態にあって茶臼がなめらかにまわり、茶もよく挽ける。しかし反対に茶の挽き具合が悪ければ、私は裁決を保留する」。

なんという素晴らしい言葉、深い意味をもつ言葉ではないか。このようなことを語る人間を神聖視する国民が、忠実な人々でないはずがない。正義を委《ゆだ》ねられているこのような人々に政府が干渉することなど、できはしないのである。

しかしそれでも、ヨーロッパ人たちは領事法廷の廃止をいまだに嘆いている。昨夜、横浜のあるオランダ人が私に言った。「日本人がわれわれを裁くようになってから、その合法性について問題があったことは一度もありません。」しかし、それならどうして外国人商工会はいまだに日本の法廷を敵視しているのかと訊ねると、彼はこう答えた。「それは、黄色人種の裁判に従うのは屈辱であると考えるわれわれ白人の妙な誇りのせいですよ」と。まったく相も変わらぬ偏見とどうしようもない自惚れには呆れかえるばかりである。

日本人であることの誇り

侍の英雄的な行為や正義への信仰および忠誠心や武士道を支えているものは、日本人であることの誇りである。あなたがた、祖国を愛し賛美していると思いこんでいるヨーロッパ人やアメリカ人である君たちには、愛国者と呼ばれる資格などないに等しい。大和の国の住人たちは国を神格化しているのだ。曰く、「あらゆる国の文明は日本に習合されねばならない。日本が自らの影響力によってそれらの文明を変身させ、唯一真実の文明として全世界にもたらすのだ。これこそ、永久にその勢力を保持すべき日本だけの使命である」。

これは日本のある神秘論者の言葉で、いま東京のある雑誌がその特集を組んで掲載しているものである。彼の考えによれば、日本は世界の中心であらねばならない。だからといって、そのために軍事力を引きあいに出すとか、中国やロシアにおける勝利に何らかの関係があるなどと考えてはならない。日本は、戦争や軍事力には関係のない、永続的な当然の理由によって世界の中心となるべきだと言っているのである。

この雑誌『時代思潮』はいう。「組織されたすべてのものには中心がある。したがって地球にも中心がある。その中心が日本である。日本は地上の中心を占め、天上の中心は太陽が占めている。イギリスはこの名誉を担《にな》っていると信じているが間違っている。確かに、本初子午線はロンドンの上を通過しており、大英帝国はきわめて広大であるから、その支配地から出ることなく地球を一周することはできる。しかし海洋についてはわが国よりその状況が劣っている。大英帝国を洗っている水は第二番目の大洋の水だ。インドもかつては己れが世界の中心であると考えていたが、今日では力も希望もなく倒れ臥している。目ざましい成長をとげ、前途も洋々たる若きアメリカが地球の中心であると考えるのは無理からぬことではあるが、アメリカは中心となるにはあまりにも広大過ぎる。中国も同様である。」こうして危険なライバルを次々と打倒したうえは、この日本の雑誌にとって、神聖なる大和の国を立候補させるのに何の不都合もないことになる。「我らが祖国が、まだ何者にも属していないこの〝世界の中心〟を占めるのにいかに優位な条件を備えているかを見てみよう」というわけで、大まじめに聖なる日本を分析している。

地理的な視点からみれば、日本は西洋と東洋の境目にあり、もっとも大きな大洋をおさえている。それだけでも十分だが、まだまだ沢山ある。北から南へ連なる列島の鎖は世界中の気候を有し、すべての文化を集め、すべての美を凝縮している。国民の才は全世界的で、はるか昔にインドや中国の文明を吸収したあと、現在では西洋のあらゆる進歩を手中におさめている。唯一の不都合といえば、国土の狭小さであろう。しかし、と『時代思潮』はいう。「太陽でさえ天の川の星々の中では小さな星にすぎない。それでも太陽は天の中心なのだ。」「地球上には、確かにわが国よりも大きな国々がある。が、日本ほど優れた資質と大きな才をもち、物理的な位置に恵まれた国はない。」これにつづいて東京のその雑誌は、各世紀における文明の経路を検証し、すべての世紀においてそれらの文明が日本に向かっていたと述べる。インドの最古の文明は中国に入り、朝鮮を征服、日本に到ってここに留まった。その後、孔子、孟子、老子を輩出した後の中国が精神的に東洋を制覇し、日本にまで到る。そこからはもうどこへも行かない。以上が東洋経路である。西洋経路は、ギリシア文明がヨーロッパを席巻した後、アメリカを通過、アメリカから日本へと一跳びし、そこでその経路を終えている。

かくて、弧を描いてお互いに離れていくはずの二大文明は、素晴らしき国にいたって結合し、混合され、永久的なものとなり、新しい生命を与えられた。その国こそ日本である。雑誌は、このことがあまりにも明白なのでくだくだしい説明は必要でないと考える。曰く、「あらゆる文明は、大自然の定めた方向、すなわちわれわれの家をめざしている。この事実が見えない者は盲目であろう。」そしてさらにこう問いかける。「これは、大和の国が世界の中心であることの確かな印ではないだろうか。」答えは、文章が次のように終わっているから肯定であるに違いない。「あ、、偉大なる自然の定めよ。汝の啓示のなんと深遠なることか。同胞よ、この法を知り、わが国の真の姿を理解せよ。この国にあるは君たちであることを知れ。かつて日蓮は言った、日本国は宇宙の美と偉大さを支える柱であると。そは民の仏陀である。さあ、慎んで妙の神聖なる地を拝そうではないか。」

7 洗練された精神

礼に始まり礼に終わる

日本人がもつ社会的徳性のうちでもっとも一般的な徳が礼儀正しさであることは、偉大な日本研究家でなくとも、またわざわざ観察する必要もないくらいすぐにわかることである。われわれは日本のどこの港であろうと下船するやすぐに、人々の深々としたお辞儀や頭を軽く下げる動作や微笑みを目にすることになるからだ。だれもが微笑み、だれもが平伏している。われわれに何かを教えてくれるときや質問に答えるとき、あるいは何かの説明書をくれるとき、とにかく何のためでも、いつでも、どこでも、日本人はいちいち微笑んでお辞儀をする。さらにこれが対話となれば、一句ごとに雅語を入れねばならないし、一言ごとに頭を下げることとなる。

日本語には、侮辱語や粗野な言葉がないかわりに、人を誉めそやす言葉は山ほどある。そして彼らは誇りをまるで信仰のように培《つちか》っている人々でありながら、もっとも謙虚に平伏することを知っている。「日本は微笑とお辞儀の国であり」とロティは言う、「おびただしい数の行儀作法を有し、それをヨーロッパ人が復活祭のときにすら経験することのない熱心さで行なっている」と。これがまさしく、どんなうかつな旅行者でも通りに一歩足を踏みこんだ途端に目にするものである。ましてや民族の魂の中まで入りこみたいと思っている旅行者なら、それがさまざまな形で日本人の生活の隅々にまで行きわたっていることをはっきりと知ることができる。礼に始まり礼に終わる。われわれはホテルに着くとすぐに、ボーイ〝さん〟、御者〝さん〟という言葉を学ぶ。さらに、どんなに神経が苛立つような困難な状況下であろうと、微笑みと親切さと穏やかさを保つという教えにしょっちゅう出くわすことになる。息子を新橋駅から戦地や外地へ送りだして帰途につく母親たちでさえ微笑んでいる。実生活の中のあらゆるものが微笑み、お辞儀をしている。もしわれわれが不運にして、ある人を怒らせてしまっても、われわれを憎んでいるはずのその人自身が微笑み、お辞儀をするのである。

日本人がもっている礼儀の感覚がどこまで及ぶものであるかを知るには、詩情豊かな昔の物語をひもとけばよい。すると、道をゆく武士の前で自然そのものが頭を垂れ、敬意を表していることがわかる。平家物語はこういう。「波は公達《きんだち》の身体を呑みこむ栄誉に恭《うやうや》しく場所をあけた。」侍が路上に佇《たたず》めば、木々は木陰を提供するという素晴らしい名誉に浴する。川は、船の櫂《かい》が水中深く入るという喜びを与えられて誇りを感じる。戦場の矢でさえ同様で、恭しく慎み深く敵を殺す。怒りや憎悪のときも、緊急時でさえ優雅な作法がおろそかにされることはない。戦いで死に臨《のぞ》んだ武士が、「貴軍がわが方を打ち破られたことに深い敬意を表する」と敵に言う。勝軍の武将が「降参せよ、されば命を助けよう」と言えば、敗者はこう答える。「せっかくのお言葉にあえて逆らうのをお許しいただきたい。戦さに負けた武士は死なねばなりませぬ。ゆえに、わが軍が一人残らず倒れるまで戦わせていただきたい。」

何かを依頼するときの形式も尋常ではない。昔の手紙には次のような文章が頻繁に見られる。「私と夕食を共にして下さるという過分な恩恵を私に与えられるご厚意をいただけますよう、慎み敬いお願い申し上げる名誉に浴するものでございます。」小説のヒロインなども手紙を書くと、かならず〝めでたくかしこ〟という言葉で締めくくる。意味は「喜びに打ち震えながらお別れを告げます」である。しかし、手紙文の丁重さがいかなるものか、もっともよくわかるのは、ロスニー教授が、その日本文学に関する論文の中で逐語訳した次のような文章であろう。訳すとこうなる。「私の貴方様に対する堅固にして深甚なる敬意のささやかな印を貴方様に捧げることができますよう、またその後、貴方様の高貴なる御み足が踏む崇高なる土埃の中で私が低頭させて戴くことができますよう、充分なる高みにまで私をお引き上げ下さるというご厚意を、貴方様の計り知れないご芳情を以て御心からお引き出し戴く為、貴方様の大いなる御慈悲をもって地面まで下りてきて下さり、この愚かなる貴方様の僕《しもべ》を喜ばせるという輝かしき光栄を賜らんよう、特別の思し召しを賜りますことをお願い申し上げます。」

礼儀作法の厳格さ

日本では農夫でさえ、モリエールの貴婦人たちと同じように慇懃《いんぎん》な美文調で話す。詩人芭蕉の伝記の中に、興味深くまた含蓄のある逸話がのっている。数人の樵《きこり》が山中でこの俳諧の創始者に出会ったとき、こう言う。「あなた様のご助言を乞う非礼を、あなた様の御令名に免じてお許し下さい。」これを、記録者が庶民の言葉を書きしるす際に誇張したものだなどと思ってはいけない。礼儀は、帝からクーリー（苦力）にいたるまで、だれもが細心の注意を払って行なう国の宗教である。マセリエールが言及している室鳩巣《むろきゅうそう》の書を読めば、かの時代には礼法が民衆の間にまで浸透しており、いたって貧しい者でも相手を侮辱したり不作法な態度をとることはなかったことがわかる。労働者は、彼らの用語範囲内でできるかぎりの謙譲語を使用して丁寧に話をした。侍について鳩巣はこう言っている。「彼らの言葉はきわめて洗練されており上品なので、民衆にはほとんどわからない。」

島流しになったある武士は、本土から遠く離れたその島で細工物を作る仕事をしていたが、いかに庶民の言葉を身につけようと努力しても、仲間の労働者たちに正確に理解してもらえず、気違い扱いされたという。

上流階級の文法によれば、表現すべき尊敬の種類によって動詞の語尾が変わる。〝召使は籠を持っていた〟というのと〝ご主人は刀を持っていた〟というのは同じではない。各音節が尊敬や軽蔑、敬意や尊大さ、お辞儀やしかめっ面をあらわす。学者たちは何年でも飽きもせずに丁寧語や尊敬語の定義について議論をしている。洗練された習慣には、十分に洗練された言語が必要なのだ。あらゆるものが礼儀作法の厳格な法に則っている。身分の高い人間が人を殺しても不名誉とされないが、粗野な態度をとることは許されない。なんと君主でさえ礼法の奴隷である。「王は礼法に反する態度をとってはならない」と孔子も言っている。そして礼法は中国と同じく日本でも厳格で綿密である。一つひとつの微笑、姿勢、身振り、言葉がそれぞれの規則に則っている。

昔の読み物にはかの有名な茶の儀式が描かれ、そこで歌人や侍たちが麗々しい作法や繊細なウィットを披露するのだが、これはまさしく礼儀作法の試合に他ならない。聖なる植物である茶の粉を素晴らしい器へ移すための茶杓の取り方ひとつで、会席者の教養の程度がわかってしまう。ごく些細なことが侵すべからざる教理にもとづいているのだ。役者の中には、こういう場面を演じるときの優美さのおかげで名声をえたものもある。人気役者・市川団十郎のあるファンはこう述べている。「彼は貴公子よりもっと完璧な優美さをもつにいたった」と。この言葉は、どこでも耳にされる〝誰それは礼儀をわきまえている〟という言葉の一変形にすぎず、作法が一つの知識であることを示している。礼儀正しい人間になることを学ぶのは、騎兵や化学者になろうとして学ぶのと同じことなのだ。

十八世紀、将軍家宣が死んだとき、城内で、故人のわずか三歳の息子が他の成人の息子たちと同じく喪に服すべきかどうかで議論が延々とつづけられた。国中がこのことに関心を寄せた。幕府に問われて、儒学者・林信篤は喪に服すべしと答えたが、儀典に通じていたかの偉大なる新井白石は反対意見であった。これは笑いをさそう話であるが、人を泣かせる逸話もある。瀕死の侍が、主人が近くにいる間は作法通りにお辞儀の型をとらせてくれと同僚に頼むことなど珍しくないのだ。さらに死にかかっている哀れな兵卒が、その最期の息を吐き出す瞬間にさえ上官たちに微笑みを送る力を残しているというのは、どう言ったらよいのだろうか。もちろん礼儀正しくあるための作法には技巧的な部分が多いのは確かである。しかし同時に、それはなんと英雄的であり、なんという冷血さであり、またなんという克己の精神であろうか。

四十七士は主君の仇を討つために二十年間も（実際は一年十ヶ月）待ちつづけ、その間ありとあらゆる苦難や屈辱に耐えることで崇高なる憎悪をつのらせ、心を励ましてきた。この恨みの宗教における四十七聖人は、洗練された冷静さというものの典型的な見本であるといえよう。憎むべき上野介を目の前に引き据えたとき、彼らは血気にはやる心を抑え、上野介に深々とお辞儀をして言った。「吉良様、我らは内匠頭の家臣でござる。あなた様はかつての内匠頭との争いをよもやお忘れではございますまい。その為、我らが主君は命を失い、お家は断絶致しました。我らは身分卑しけれど忠実なる家臣でござれば、あなた様が我らの前で名誉あるご自害をとげられますよう、お願い申し上げに参上仕ったのでござる。我らの一人がすぐさま御首《みしるし》を頂戴し、我らが手で寺へ持参仕り、主君の墓前に供える所存でござる。」

しかし上野介が自害しなかったので、復讐の士たちは口々に「御免」と叫びつつ、微笑みながら彼の首を打ち落とした。〝微笑みながら〟という言葉はちゃんと本の中にある。日本人は重大なときにいつも笑みを浮かべているのだ。ラフカディオ・ハーンが書いたある人物は微笑みながらこう言う。「昨日、母が死んだのです。私の家族のつまらぬ出来事でお心を乱したくなかったものですから、申し上げませんでした。」これは創作ではない。スペイン大使館のある書記官の従僕は、何週間か前に長女を埋葬したのだが、その日、彼は何も言わず平常通りにいつもの微笑をたたえて仕事をしたという。

美徳としての克己

これを、諸君は優しさの欠如であると思われるであろうか。日本人の親ほど情愛深い親は世界でも珍しい。彼らが微笑むのは、口許に微笑を浮かべずに悲しいことを話してはならないという厳しい掟に従っているからだ。ハーンによれば、「この掟がある理由はさまざまである。怒りや悲しみはそれがどんなに大きなものであれ、じかに人に見せるのは無益で時には不作法なものであるという確信が、最下層の農夫の心の中にさえ根をおろしている。誰か村人が泣いているようなところに出くわすと、彼はあわてて涙を拭い、われわれにこう言うのだ、〝非礼をお許し下さい〟と。このような道徳的な理由の他にも、かのギリシア芸術が痛ましい表情を和らげて表現したのと同じ美的見地からの理由もある」。

確かに、ハラキリの場面を描いた絵の中でも主人公はつねに微笑んでいる。拷問や末期の苦悶も武士の唇を歪めさせることはできない。ミットフォードは、滝善三郎自刃の厳かな場面で、居並ぶ者たちがみな深刻な顔をしているのに本人だけは微笑んでいると指摘している。ミットフォードは語る。「ゆっくりと、至極ゆっくりと、善三郎は微笑しながら歩を進め、居並ぶ人々に深々と頭を下げて挨拶し、次いで祭壇の前で拝礼し、赤い毛氈の上に座る。そこが腹を切り開く場所である。一人の友人が、剃刀のように研ぎ澄まされた短刀を差し出す。善三郎は〝すべての罪は私にある〟と言う。」そして悲劇的な贖罪の儀式がはじまる。「彼は従容として刀を手に取ると、左から右へ急ぐことなく腹を切り、最後に頭を深く前へ下げる。」この崇高なる礼は、外国人たちが馬鹿にする軽々しいお辞儀と同じものである。大和の人間はどのような状況のもとでも態度を変えないのだ。挨拶をするときも人を殺すときも同じであり、人を殺すときも自分が死ぬときもまた同じである。彼らは物心がつくようになると克己の精神を養う。その最高の主調をなすものがダミ・カスタ（北畠親房？）の次の言葉である。「百戦に勝利を収めた武将と、自分自身に打ち克った人間とでは、後者がより偉大な征服者である。」

そしてこれは確言できるが、どんなに卑しい身分の者であろうと、この意味での偉大なる征服者になりたいと願わない日本人は一人もいないのである。

8 ハラキリ

〝混乱をきわめたデモのさなか、東京・ロシア正教会の警備にあたっていた警察のある指揮官が、教会に放火せんと威嚇していた群衆に向かってこう叫んだ。「もしそのようなことをしたら、私と部下たちはこの場で腹を切る。」そして彼は刀を抜き、部下たちもこれに倣った。これを見た群衆は歓呼の声をあげ、おとなしく引き揚げて行った。〟（都新聞）

武士道の原理

これはまるで、古い伝承や昔の礼節の時代の物語を聞いているようではないか。この偉業は、源氏や平家の郎党が屋敷の門を守って厳粛なるハラキリをした、かの時代を想起させはしないだろうか。このような行為は古い日本に属するはずのものである。しかし、同時に古来の武士の魂が、現代の警官たちの羅紗の制服の下に脈打ちつづけていることを示してもいる。

われわれは何かというと日本が西洋化したという。たしかにものによっては――数はごくわずかではあるが――外見が西洋化しているものがある。しかしその内奥には、きわめて洗練された特殊かつ実に高潔にして雄々しく、はなはだ寛容にして謎深い東洋が存在しつづけている。

ある詩人は言う。「ハラキリが存続するかぎり、古来の日本は生きつづけるだろう。」そしてハラキリは生きているのだ。消え去ったこともないし、これからも消え去ることはけっしてないだろう。ハラキリは日本の武士道の規範の根本原理のひとつであり、それが武勇と自尊心、名誉と尊厳を示すばかりでなく、自己犠牲と無私の精神をあらわしているからには、おそらくあらゆる規範の中でもっとも美しく、またもっとも厳しいものであろう。実際、称賛すべき愛他主義から自決する例はしばしばある。このわずか十五年の間にも、尊い例が二つあった。一人は畠山勇子という婦人で、彼女は一八九一年、ニコライ皇太子襲撃事件の後、国家がその犯罪行為に関係していないことを証明するため、皇太子が負傷したその同じ場所で（事実は京都府庁前で）自殺した。もう一人は大原武美中尉で、彼は、極東におけるロシアの勢力拡張が日本の独立を危うくするという趣旨の手紙を天皇にしたためた後、腹を切った。これらの行為は珍しくもないし、特殊な示威行為でもない。日本の歴史の重大局面ではいつも、男も女もこれと同じように純真かつ神聖な犠牲を払ってきたのだ。なぜ神聖かといえば、人がどう言い、どう思おうとも、これほど素朴で崇高な愛国心は世界のどこの国の歴史にも類を見ないからである。

日本では神々自身が自殺を好む。嵐の神・須佐之男命《すさのおのみこと》は、母親が地獄で生きていると知ると、自分を産んでくれた女性に会いに死者の国へ行こうと父・伊邪那岐命《いざなぎのみこと》に許しを乞う。伊邪那岐《いざなぎ》命《みこと》は彼を天から追放し、苦い波の上で生きるように言い渡す。そして伝説はこう締めくくっている。「波が、そして北風が、死を望む孤児の嘆きを語ってやまないのはこのためである。」

神々の次は貴人である。神話時代、景行天皇の皇子・日本武尊《やまとたけるのみこと》の妃（弟《おとた》橘媛《ちばなひめ》）は、アイヌ征伐の戦におもむく夫の船が無事に港から出られるよう、己が命を犠牲にして水神の怒りを鎮《しず》めんと海に身を投じた。

もう一つ貴人の自殺としては安徳天皇のそれがある。安徳天皇は一一八一年、乳母（二位尼）の腕の中で治世をはじめた帝である。平家物語はその自殺を華麗な筆致で描いている。帝は八、九歳の幼少の身。平家の軍勢は戦に敗れた。乳母が言う。「わが君、勝利が敵の手に帰しましたうえは死なねばなりませぬ。」少年帝は、〝山鳩色〟の豪華な衣装の上に髪を束ね、さめざめと涙を流し、小さな手を合わせた。まず東に向き、伊勢の神宮と八幡宮（八幡宮は『平家物語』には記述なし）に別れを告げ、次に西を向き、仏の名号を唱えた。これが済むと忠実な二位尼は少年を腕に抱き、船縁へ進んで言った。

BIBLIOTECA CIENTÍFICO FILOSÓFICA

BUSHIDO

El alma del Japón

POR

INAZO NITOBE, A. M., Ph. D.

Traducido de la 13.ª edición del autor

POR

GONZALO JIMÉNEZ DE LA ESPADA

Profesor de la Escuela de Lenguas
: : : : Extranjeras de Tokio : : : :

MADRID
DANIEL JORRO, EDITOR
23, CALLE DE LA PAZ, 23
1909

新渡戸稲造『武士道』スペイン語版　1909年

「わが君、海の底には美しい都がございます。」そう言うと、彼女は海に身を躍らせた。千年前のその本はこう結んでいる。「おお、なんという悲運であろうか。この上なくやんごとなき気高さを春の無情な風が吹き散らしてしまった。なんという痛わしさであろうか。重い波頭がたちまち玉体を覆ってしまった。」

しかし、このような悲嘆にくれる例は、有名な自殺を扱った詩歌の中では珍しい。多分、主人公が幼少であったためであろう。大衆のミューズ（芸術の女神）が桜の花冠を与えるのは、戦さに負けて捕虜になるのを潔しとせず、最期にあたって自刃する英雄つまり武士たちである。

ここに剛勇無双の弓の名手で幾多《いくた》の物語に登場する為朝という人物の話がある。味方の軍勢はみな死に絶え、彼一人が倒れずに矢を射つづけていた。いかに並はずれた気力をもってしても、敵軍の包囲に抗しきれるものではないのだが、そんなことは問題ではない。力尽きるまで戦いつづけるのだ。彼はすでに百人もの敵の首を太刀で斬り落としていた。しかし、ついに敵に追い詰められてしまう。「為朝！降参せよ」と敵が叫ぶなか、彼は笑みを浮かべると腹を切った。源義仲の家来の自殺もたいそう有名なものである。義仲は当時の人間としてはあまり禁欲的ではなかった。戦さの疲れにもかかわらず、愛に息抜きを求めることを知っていたのだ。ある夜、敵を攻撃せねばならなかったにもかかわらず、愛妾の家で眠りこんでいた。配下の二人の武将は、彼を起こすにしのびず、寝間の戸のむこうで自決した。義仲は彼らの身体が崩おれる音を耳にして起き上がり、戦いの場に駆けつけた。しかし手遅れであった。彼の矢筒には八本の矢しか入っていなかった。最後の一本を放ってから、彼は剣を抜くと己が身を貫いた。

中世のもっとも名高い、日本のジークフリートともいうべき英雄も自殺した一人である。この物語は雄大である。父親のかねての意により鞍馬山の僧院で教育を受けていた義経に、ある日、身の回りの世話をする僧が黒い僧衣をさし出した。

「そのようなものは着たくない。私が欲しいのは剣だ」と言った彼に、僧は笑いながら訊いた。「剣ですと？　しかし剣の遣い方をご存知ないではないか。」少年は黙り、考えこんだ。刀の遣い方を知らないのは恥であると思った。刀の遣い方を知りたいと思った。そこで彼は僧坊を抜け出し、妖怪たちの主・人喰い鬼が棲む山の中へ入って行った。黒い僧衣の下に、少年は刀を持っていた。「怪物と戦えば、刀の遣い方がわかるだろう」と彼は考えたのである。事実、妖怪が怒って襲いかかってきたが、義経はこれを打ちたおしてしまった。彼は妖怪の首を切り取り、それを僧のところへもって行き、すでに刀を遣えることの証とした。しかし、戦好きの義経に寺の生活は合わなかったので、彼はふたたび寺を抜け出し、里をめぐり、戦う機会があるとそのたびに相手を打ち負かした。敵が皆「参りました」と言うのだ。ある日の午後、一人の僧兵が彼にこう言った、「一試合で十回つづけてわしに傷を負わせることができたら全財産をやろう」と。物語によれば、この僧兵は有名な暴れ者で、大男の怪力の持ち主であり、町なかの闘いではしばしば人を驚かせていた。義経はこの挑戦を受けた。二時間後、双方が九つの傷を負っていた。「十番目の傷はお前だ！」と僧兵は叫びながら突進した。しかし少年は上品な優雅さでこれを受け止めるや、僧兵の肩に一撃を加えた。次につづく場面は、アレクサンドル・デュマの小説にふさわしい。僧兵が叫ぶ。「今日よりはわが命をかけてあなた様の家来となり、いずことなりともお供仕りましょう。」すると常磐御前の息子は「それでは仲直りじゃ」と答えた。それからというもの、意気軒昂な二人は冒険や戦さや驚異を求めて旅をつづけるようになる。彼らはいたる所でその豪胆さを示したので、民衆は彼らの姿を見ると興奮し、拍手喝采した。女たちは、その兜《かぶと》のために花の冠を編んだ。しかしこの人気が、権力者・源頼朝の逆鱗に触れるところとなり、義経とその家来（弁慶）の暗殺が企てられた。二人の英雄に百人もの兵士が襲いかかった。長い戦いのすえ、敗れたことを悟った若き英雄と年老いた僧は、古い歌を唱しながら敵前で自殺した。

自殺の許し

自殺はかならずしも武士道物語や戦記物を読まなくても、日本の文学作品にはしばしば登場する。たとえば大和物語という、歴史家たちによれば花山天皇作（実際は作者不詳）の『デカメロン』のような書がある。この本の中でもっとも有名な物語は、二人の男から求婚されたある娘の話である。「二人は——と語り手である天皇は言う——顔も身体つきもよく似ていたので、美しい娘はより深い愛情を示してくれた方の男を選ぼうと心に決めていた。」ところがこの点でも二人はまったく同じだったので、どちらかに決めることは不可能であった。こうして数か月が過ぎ、数年がたっていった。とうとう娘の両親が言った。「情の深い、立派な二人の若者が、お前の心が決まるのを待って悲しみに打ちひしがれているのは、見るだに辛いことだ。どちらも、お前の意思に従うと申されておる。お前がどちらかを選べば、もうひと方は何も言わずに立ち去られるであろう。」その夜はとても明るかった。家族の集まった部屋の窓は川に面していた。娘は二人の求婚者を呼んでもらい、こう言った。「神様と私の魂に誓って申し上げるのでございますが、お二人の愛情に私はとても深く心を動かされました。もしどちらかがより優れていらしたならば私の心も決まったことでございましょう。しかしお二人はすべてにおいて完璧であられます。ですから、心を決めるためには偶然にまかせるより仕方がございません。それで、お二人に水の上を飛んでいるあの鳥を射ていただきたいのです。鳥を射止めた方に決めようと存じます。」

早速、恋する男たちは弓をとり、矢を放った。家来がすぐに、傷ついて落ちた鳥をさがしてきた。するとどうであろう、二本の矢が同じ箇所に刺さっているではないか。哀れな娘は次のような意味の歌を詠んだ。〝人の苦しみを見るのに疲れ果てた。残酷なさだめよ。もう耐えきれない。わが身を愛してくれる人々がこれ以上苦しまないように、私は心安らかに逝こう。〟娘は両親と恋人たちに別れを告げると川の底へ身を躍らせた。すると恋人たちは娘の両親に向かって自殺の許しを乞うた。強く心を打たれた両親はこれを許さざるをえなかった。

この自殺の許しという部分はヨーロッパ人にはおかしく思えるが、日本人にとっては最高の名誉をあらわすものなのである。実際、自殺には儀式および作法がともなう。武士はならず者のような死に方はしない。自殺する前に友人たちに知らせ、なかでももっとも親しい者たちをその崇高なる儀式に招く。年少であろうとも良家の出であるならば、祝宴に出るときと同じように微笑を浮かべて死におもむくべきことを知っている。次の話は、儒学者・室鳩巣の息子の物語だが、有名な実話である。この十四歳の少年は学校の仲間を剣の一撃で殺してしまった。すると父親は少年に、罪の償《つぐな》いをするため定法通りに切腹するよう命じ、「そのために二十四時間の猶予を与える」と言う。「わかりました」と息子は答えた。「明朝にはすべて済んでおりましょう。されば、今宵の晩餐に友人たちを招くことをお許し下さい。」晩餐の席は、若者たちの活気に満ちていた。夜更け、少年は立ち上がり座を外す許しを求めて言った。「切腹するのに寝不足の顔をしていては見苦しいから、すこし休むことにする。」翌朝、少年は沐浴の後、香を焚きしめてから自分で選んだ美しく光る短刀で腹を切り開いた。自殺は、ときには厚意や親愛の情の証として他から与えられることもある。死におもむく大名は、家臣の中から永の旅路の供をする人間を選ぶが、選ばれた者はそれを最高の名誉として喜ぶのである。ある史話によると、苦悶の中で輝宗（伊達政宗の父）は彼にもっとも忠実だった二〇人の家来を呼び、自分につづけと言った。すると家来たちは感涙に咽《むせ》びながら、用意はできておりますと答えた。事実、彼らはその翌日、仙台の寺に安置されてあった主君の柩の傍らで自殺したのである。

より英雄的に崇高に

ムスリム世界のように、死や死後の世界に憧れの思想をもっている国々でなら、このような悦びや興奮も理解できよう。砂漠の過酷で困難な、楽しみも喜びも心の平安もない生活を、愛と美と豊かさと安楽が永遠に約束されている生活と替えるのは得な行為であろう。また、この世に涙の谷しか見いだせなかった中世のキリスト教徒が、熱狂的な悦びをもって天国の扉に突進したのも理解できる。しかし日本人の場合は違う。それどころか反対に、彼らにとって生きることは重荷ではなく、とこしえの愉楽であり限りない神々の恩寵である。

仏教は、人を骨抜きにする阿片の香で日本人の魂を酔わせるくらいのことしかできなかった。仏教の影響は本質的なものではなく、むしろ芸術面においてあらわれた。以前は彩色なしだった日本の木造の寺に、金と七宝を導入し、行列に連なる僧たちに錦の衣を着せ、聖なる山を赤塗りの高い塔で埋めた。だからこそ、感受性豊かなこの国の住民たちは仏教を受け入れたのだ。しかし彼らは、仏教の底にある禁欲的なものには目をくれなかった。日本民族には性分として神秘主義的なところが少ない。彼らの国つ神すなわち古代からの神道の神々は、英雄であり賢者であり詩人であった。ベラード訳すところのある歌にいう。「恵み深き天照の庇護の下にない他の国々では、悪しき霊がわがもの顔に跳梁し、迷信でいっぱいだ。」そしてさらに、「我らは、よその者たちが崇めている偽りや空疎な説などには見向きもしない」といっている。実際のところ、日本人の宗教的な感情といえば、それは自然への感情すなわち生命と詩への感情だけである。「大地は——と同じ歌にいう——母であり、偉大なるすべてである。あらゆる被造物は大地から生命と力とを授かった。樹も人間も花も鳥もすべて同じであり、われわれはみな同じものである。」

文学にも芸術にも神秘主義的なところはない。確かに、現実の外の世界では怪獣や小鬼、巨人や龍などがいっぱいいて、詩歌や伝説や装飾の役には立っているが、それらがカトリックの悪魔のように人々の魂を悩ませることはない。いつの頃か古代ギリシアから渡来したと思われる異教の教えも、その神々と共に民衆に親しまれている。しかし宗教儀式が人々を恐れさせることはないし、人々が聖なる神秘に怯えるということもない。僧院の人々は楽しみ、働き、そして生きる。僧侶たちが描く絵巻物には、極楽の喜悦を表現するために、京都や奈良、鎌倉の庭園が描写されている。

ハーンによれば、「これらの庭園は、聖なる蓮の花と青い屋根の建物にもかかわらず、市井の茶屋を連想させる」。これは事実である。どうしてそうなるかというと、花や町や日常の楽しみを心の底から愛する者たちには、どんな夢や理想も、現実ほど素晴らしいものではありえないからだ。御詠歌は生への歓喜に満ちている。幼逝した者にむけて唱う『賽《さい》の川原の口ずさみの伝』では、「なんと不運な者たちよ。かくも早く永遠の悲しみの道、冥土への道を歩くことになろうとは」という。不運な者、確かにその通りだ。というのも、民衆はこの素晴らしい国の生活を愛しているのだから。まさしくこの感覚こそが、ハラキリを行なう武士の感情をより英雄的に、より崇高なものにしている。何といっても、自分で自分を殺す者は、己が名誉のために貴重なる宝を犠牲にするのだから。

自殺せねばならないという観念には、どんな宗教理念も家族感情も抗することはできない。新田一族に裏切られたアウド公（安東佐衛門？）がハラキリをしようとしているところに、家臣が一通の書状を持ってきた。それは勝者の妻である彼の姪からのもので、彼に自殺を思いとどまるよう懇願し、かつ大きな栄誉と富を与えようと述べていた。敗者である彼は、その手紙で短刀をくるみ、「このような申し出をするとは、わが一族の者とも思えん」と叫ぶや、その手紙もろとも刃を腹に突き立てた。芝居ではこの場面にくると観衆が、雄々しい民族の魂がもっとも的確に表現されているものとして拍手する。もしこのとき、姪への返答に一瞬でも迷いを示したら、彼の面目は失われていただろう。一瞬の気のひるみが品位を落としてしまう。反対に、沈着で英雄的な行為は品位をもたらす。

井原西鶴は、ある漁師の不思議な冒険の話を述べた後で、興奮をあらわにしてこう言う。「この純朴な漁師には封建武士の魂が宿っている」と。西鶴が何をもってこう言ったかというと、それは漁師の死に様である。漁師はある朝いつものように、小舟で出て行った。ところが、夜になっても帰って来なかった。妻は来る日も来る日も、何か月もの間、彼の帰りを待ちつづけた。物語はいう。「哀れな妻は死んでしまいたいと涙にくれるばかりだった。」村人たちは誰もが彼女の愛と貞節に感じ入った。午後になるときまって、浜辺に座っている彼女の姿が見られた。その場所は夫がいつも舟から降り立つところだった。こうして夏が過ぎ、秋が過ぎ、冬も過ぎた。春がめぐってくると、漁師の死を疑う者は誰もいなくなった。村中の人々が未亡人にむかって言うようになった。「再婚しなきゃいけないよ。お前さんは村一番の器量よしだし、お前さんが一人でいるのを見るのはわしらも辛いからね。」

初めのうち彼女は、自分が喪服をぬぐことは神かけてないし、ずっと後家を守り通すと心に誓っていた。しかし家族の説得や、おそらく愛を呼びさます春になったせいだろう。彼女の前に一人の若者があらわれた。彼は死んだ夫の友人であり、仲間でもあった。結婚式が行なわれた。二人は寝ようとした。二人が夜具に入ったまさしくそのときに、死んだはずの夫が戻ってきた。彼は一年も待たしてしまった恋女房に会える喜びに胸を弾ませて帰ってきたのだ。ところが行灯《あんどん》に火を入れた彼の目に映った光景は悲しいものだった。妻は事情を説明し許しを乞うた。「気にするな」と漁師は呟いた。「無理もない。一年だもんな。こんなに若くて綺麗なんだから。俺の方は散々なめにあって来てな。」彼はその場に座り、海での遭難の話を微笑みながら詳細に語った。そしてすべてを語り終えると、まったく平静に声もあげず落ち着いたまま、まるで避けえない義務を果たす人のように淡々と、妻を殺し、相手の男を殺し、最後に自らの命を絶った。

切腹の作法

江戸時代すなわち徳川幕府の時代、自殺は決闘と同じくらい頻繁に行なわれるようになった。人々は何かというとハラキリの短刀をとり出した。至高の瞬間を厳粛な作法がとりまく。自殺する者は、決闘の場合と同じように立会い人を求める。家中でもっとも立派な広間か、あるいは料亭で、必要なものすべてが整えられる。支度の作業を活気づけるために踊り子や三味線弾きが呼ばれることもある。死にゆく者が、祝宴のごとく笑みを浮かべて客を迎え、祝いの挨拶を受ける。友人たちの挨拶は祝いのそれである。祝辞であってお悔みではない。彼らはしばらくの間、流行の話やら都のことや新しい詩歌のことなどを話題にする。高価な漆塗りの箱や、際《きわ》どい絵が粋な彫師の手で刻みこんである象牙細工などが手から手へとわたり、しごく礼儀正しい笑いが三味線の音と混ざりあう。やがて立会い人の一人が厳粛な時刻の到来を告げる。会席者たちは友の手を握り、彼の前でお辞儀をし、笑みかわす。それからハラキリである。自殺する者が腹を切り開くと、立会い人が剣で首を打ち落とす。

これらすべてが一体どういう動機によるものかというと、動機などまったくないことも多い。ある日、将軍の城内の階段で二人の小姓が出会った。一人があまりにも急いでいたため他方に挨拶をしなかった。これは同じ階級、門閥の者として相手を尊重していないことを意味する。そこで侮辱を受けた方が叫んだ。「私の体に流れる血は、かの者よりずっと高貴なものだ。私は死ぬ！」この言葉を、若君のもとから退出してきたもう一方の小姓に家臣たちが伝えた。「わが血が劣っていると申すか。よし見せてやろう。自分も死ぬ！」こうして二つのハラキリが行なわれた。これでわかるように、動機など不要なのだ。死は社会的義務であり、自殺は現世における礼節の儀式である。老人も婦人も皆、口実さえ見つければすぐにこの至高の行為に走る。四十七士を聖人のように崇める国民は、血に対する官能的な愉楽に酔うのだ。

そしてこの気風は現代でも姿を消してはいない。今年（一九〇五年）、もっとも高名な日本人の一人である末松謙澄男爵（一八五五―一九二〇。政治家にして文学者。のち子爵）が、伝統的なハラキリを称賛こそしないまでも弁護する論述を公けにした。彼は言う。「重大な局面において侍が誇りを保てるのは、唯一武士の出自を汚さずに死ぬことである。最近の諸戦にも見られたように、わが国では武士道精神が今でも普遍的なものであるから、昔ながらの死に方がいちばん美しいということが多い。」

現在日本のもっとも開明的な政治家である伊藤博文侯爵でさえ、昔の彼の上司・来原良蔵が自決をもって、国内諸港に群がりはじめたヨーロッパ人への反感を示した事件について語るとき、感動をあらわにするという。末松によれば、「侯爵はかの英雄の美しい死に様について一度ならず賛嘆の念を開陳された」というのだ。彼はこれにつづいて、自分にとって美しい死に方とはいかなるものかを述べる。死の儀式に関する彼の解説を静聴しよう。「もっとも顕著な例は大名や顕官や名高い武人の切腹である。」このような場合、将軍の政府つまり幕府は証人を指名し、切腹者も近親者から一人の証人を選ぶ。城内にはつねにこのような悲劇的な儀式に使用される一間があった。末松によると「切腹者はこのようなときにだけ着用する特別の衣服を着た」。彼が座る場所には、かならず前方に短剣あるいは短刀が清浄な白盆に置かれている。盆は象牙造りの高い三本足に支えられた三方《さんぽう》と呼ばれるもので、神道の神々の供物を置く盤台である。

腹を完全に切り開く必要はなかった。まず小さな切り口を水平につける。十文字に切ることもあったが、これは稀である。浅い傷ほどよいとされたのは、剣の腕の冴えを示すとされたからである。一般的なしきたりでは、自殺者は腹部に切り口をつけた後、介錯人あるいは立会人に軽く合図をして、その職務を果たすときがきたことを知らせる。介錯人は振り上げていた刀で、ただちにその首を打ち落とす。日本ではハラキリとか切腹という言葉を用いずに、〝九寸五分〟という言葉がよく使われる。九寸五分というのは約九インチ半の意味であるが、これがこのようなときに使用される短刀の正確な長さである。刃は普通、数枚の白い紙にくるまれ、切っ先だけが出ている。正しく切り口をつけるには、右手で短刀の柄ではなく、紙にくるまれた刃のまんなかをもつ。儀式をはじめるときの着席の仕方や立会い人たちへの挨拶、および上半身の着物を品位を保ちながら脱ぐ方法、刀のくるみ方、そして介錯人に決められた合図を送る方法は、細心の注意が求められる行為である。これは、あらゆる侍が作法として教授されるべき武士の心得の一つでもある。要するに、ハラキリは侍にとってほとんど宗教的ともいえる儀式なのだ。

ハラキリ英雄譚

この儀式がいかに重要なものであるかは、大和の英雄譚の中に、ハラキリのために払われた犠牲について述べたものがあるので明確に知ることができる。たとえば、敵に敗れた後、降参を潔しとせず自刃する決心をした武将がいた。彼の友人たちは誰ひとり、彼に死ぬなとは言わない。友人たちの心を悩ませているのは、切腹の儀式が身分ある武将にふさわしく厳かに正しく行なわれるかどうかということである。誰もが、「作法はきわめて複雑である。ところが我らが気の毒な友は切腹を見たことさえない」と言って心配した。このとき、武将の家来の一人が進み出て、主人が優雅に切腹できるよう自分がその方法を実際に行なってご覧にいれたいと申し出た。そこで一間に支度がなされ、ハラキリの実演が行なわれることになった。武将はその家来の動作、しぐさ、微笑のどれ一つも見逃すまいと見守った。ついに家来が息をひきとると、「しかと覚えたぞ」と言い、落ち着いて寝間へおもむいた。翌日、いつもと変わらず早朝に起き、立派な着物を着、香を焚き、刀を選び、それから誰にも暇《いとま》を告げずに、二人の立会い人に付添われてハラキリの場へと向かった。このとき、敵将から使者が遣わされ、彼らを昼餐に招きたいと伝える。「喜んでお受け致す」と敗将は言う。数時間にわたる食事や飲み物のあいだ、落ち着きはらって和やかに話を交わし、それはまるで平和で楽しみが多かった頃の京都にいるようであったという。昼餐が終わると、彼は幸運な敵将に丁寧に別れを告げ、切腹の座がある平壇に登った。そこには、彼が美しく死ぬのを介助すべく立会い人たちが待っていた。これほどの端正さとこれほどの沈着さを前にしては、この話を語る詩人たちも興奮を抑えられない。彼らは言う、「それはこの上なく見事な切腹であった。願わくば、我らが息子たちも、そのような時に備えて彼を真似るべくハラキリの作法を覚えて欲しいものである」と。

イギリス人の評論家たちは日本の書物でこのような話を読むと、当然のことながら腹を立てる。しかしヨーロッパ人が何と言おうと、この死に対する熱い思いは日本ではまだ生きているし、これからも何世紀も生きつづいてゆくであろう。

実際のところ日本人は、話が有名なハラキリの物語であったり、その血塗られた儀式の描写であったりすると、ほとんどの人が拍手し、誰もが涙ぐむ。侍や家臣たちの自決を語る有名な話には真に官能的な愉悦がある。平然とにこやかに死んでゆく侍の美しい物語を、川人足たちに囲まれて貧しげな語り手が語るとき、彼は民族の魂を露わにする誇りを感じている。実際、彼自身、もし必要とあらばそれと同じことをやってのけるだろうことがわかるし、聞き手たちの表情にも些細な動機で優雅に死ぬことができた人々の幸運を羨む思いが見てとれる。

もっとも典型的なハラキリの話の一つに、会津の決死隊（白虎隊）の物語がある。王政復古の戦さの決定的瞬間に、将軍の忠実なる家臣たちは命を犠牲にする決心をする。弱冠十七歳の若者十九人が、千人を超える軍隊に抗戦せんと戦闘部隊を結成した。勝てるなどとは誰も思っていない。しかし主君のために死を決した彼らは、家族に別れを告げ、出陣を祝い、どんな運命が待ちうけていようともけっして離れ離れになるまいと誓い合った。彼らは四方を拝し、三拝九拝し、将軍万歳と叫んでから、日向内記と原田克吉の両隊長に率いられて出陣した。援軍はまったく期待できなかった。しかし引き返そうとする者はいなかった。

ある日本人は言う、「この少年部隊がいかに勇敢に戦い全滅したかを思うとき、涙を禁じえないのです」と。少年部隊は空腹や喉の渇き、その他幾多の苦しみに耐えた。ついに彼らの主君がたてこもる美しい会津若松城は包囲され、敵勢でたちまち城は天守閣しか見えないありさまとなった。大砲の音が山や川を震わせた。幾日も耐え忍んできた困苦や戦いに疲労困憊し、もはや弾薬も尽き、部隊の英雄たちは抗戦をつづけることができなくなった。皆が口々に言った。「我らの使命は終わった。生きて敵の手に落ちる屈辱を受ける前に、腹を切り、我らの命を主君に捧げることにしようではないか。」彼らは、この世の儚《はかな》さを静かに語り合いながら剣を抜き自刃した。

死への恐怖、この西洋に君臨している恐怖は、まだ日本には入っていない。それどころか事は反対である。『和荘兵衛』という題の有名な談義本（江戸時代の滑稽本の類）には、ある一人の冒険家が不死の不思議な国へ行く物語が載っている。

冒険家は語る。「その国では、まだ誰も死んだことがなかった。しかし旅人たちがもたらした中国やインドの聖典によって、人々は死の存在を知り、熱心にその知識を求めたので、だんだんと死についてわかるようになった。皆、死ぬ方法を学んだ。それはわれわれ日本人が幻術を習うようなものだった。彼らは死ぬために、食事をとることをやめ、家に閉じこもり、身体に傷をつけた。金持ちの食卓には遠い国からもたらされた有名な毒薬ばかりが載るようになった。が、私が思うには、毒は彼らにはごくたまにしか効かないようだった。彼らは、われわれが酒を呑みすぎたときのように、ある種の妙薬で知覚を失うことを知ると大喜びして言った、〝これが死というものに違いない〟。そして幸せに満ちあふれて踊りまわった。死を求めて走りまわることが国中の関心事であった。」美しい一節である。私は何度もこの部分を読み返し、これこそ日本の象徴ではないかと自問した。静かに笑いながら死ぬ機会を求めた昔の侍たちの姿を思い浮かべるとき、また、ほんの昨日のこと、喜び勇んで歌を唱いながら戦地へおもむいて行ったあの若き兵士たちの姿を思い起こすとき、私にはそう思えてならない。

9　詩歌

古今和歌集の序

横浜のある出版社が、日本の古典詩歌集二巻のフランス語版の出版を企画している。全歌集が二巻に収まるのなら良い企画といえよう。しかし、万葉集が百巻以上もあり（実際は二十巻）、古今集もこれに劣らず重要な歌集であることを考えると、この出版企画は今世紀最大の狂気の一つと考えざるをえない。なんと詩歌集は二百冊もあるのだ。ヨーロッパ文芸の宝はこれほど膨大ではないのではなかろうか。

いずれ誰かが訳し是非とも出版すべきは、十世紀半ばに（九〇五年撰）紀貫之が日本最初の勅撰歌集（古今和歌集）のために記した素晴らしい序文である。これはまさに日本語による珠玉とされているものであり、古い大和の詩歌の精神をあますところなく述べているだけでなく、世界の永遠の魂のなにものかにも触れている。「花の間でさえずる鶯や水の中で鳴く蛙の声を聞くと、生きているものの中で歌をうたわないものなどひとつとしてないことがわかる。」

（「花に鳴く鶯、水に住むかはづの声を聞けば、生きとし生けるもの、いづれか歌をよまざりける。」）

この文章には、黄色人種の昔の良き師の教えが凝縮されている。だれもが歌い、愛し、胸を高鳴らせている。芸術は命だ。苦しげな獣の遠吠えも、楽しげな鳥のさえずりも、自然の観点から見れば何の違いもない。この有名な序文の中には、「悪徳も美徳も硫酸や砂糖と同じく自然の産物である」と言ったタイネ（一八二八—九三年。フランスの歴史・哲学者）の説が、文学の原則として芽生えている。叫びは、それが胸中からの真摯なものであるかぎり、美しかろうと醜悪であろうと関係ない。問題は感情・情熱・真理の具現にある。詩はすべてを崇高なものにする。貫之は言う。「生命が天地に精気を与えるために創られたとき、歌がはじまった。最初の歌は、星が瞬《またた》く天では下照姫《したてるひめ》が、そして鉱物を生じる大地では須佐之男命《すさのおのみこと》によってつくられた。その最初の神聖な瞬間においては詩歌は芸術的なものではなかった。しかし、それは問題ではない。花や鳥や澄んだ水を愛し、霧に心動かされ、悲しみにうちひしがれ、愛に歓喜する心が力強く表現されているからだ。」（「この歌、天地の開けはじまりける時より、いで来にけり。然あれども、世に伝はることは、久方の天にしては下照姫に始まり、あらがねの地にしては、須佐之男命よりぞおこりける。ちはやぶる神世には、歌の文字も定まらず、すなほにして言の心わきがたかりけらし。かくてぞ花をめで、鳥をうらやみ、霞をあはれび、露をかなしぶ心、言葉おほく、様々になりける。」）結局のところ、この千年前の修辞学者・貫之によれば、詩歌の唯一最大の徳は感動、それもひたむきで強い感動なのである。彼にとって技巧は唾棄すべきものである。彼は、快楽の中に生きる人々に言う、「あなた方の生きているところは芸術の王土ではない」と。そしてさらに、「詩歌は、大きな価値の存在を内に秘める人の庭においては深く根をおろした樹となるが、軽薄なる者たちの庭ではただのうわついた芝草でしかない」と。

しかし、この激しい論調にもかかわらず、彼が東洋の繊細で小心な文法家としての姿を見せる瞬間がある。それはまさに詩の創作そのものについて述べるときである。彼は感情をこめて言う。「神々と人間が詩を書きとめた最初の日以来、詩歌は三十一音節だった。」(「人の世となりて、須佐之男命よりぞ三十文字あまり一文字はよみける。」) この学者らしからぬ数行は、彼の生命や活力や荘重さへの激しく燃え上がるような教えの中にあって、日本民族と人種を示す烙印ともいえる。紀貫之は一種の使徒だったのだ。詩人であり一人の人間であると同時に、日本人であり学者であった。

枕詞と掛詞

極東のどの国もそうであるように、日本にも専横的で複雑な修辞法がある。詩の型と文法は確固として不動である。しかし日本詩の基本をなしているのは、アストンとチェンバレンが「枕と軸」(枕詞と掛詞) と呼んだ言葉の使用である。枕詞は常套句であり、埋め草的冗語でもある。歌人たちは枕詞を、句を埋めたり飾ったり、品位をもたせたり、あるいはある種の名詞の野蛮さを隠すために使う。どの時代にも貴族的な歌人たちは、フランスの象徴詩人たちが空想力を駆使したと同じように、枕詞を利用してきた。実際のところ、大和言葉に造詣の深い批評家なら、レミ・ド・グールモンが不思議な常套句を集めてつくった、かの有名な語彙集と同様のものを編むことができるだろう。グールモンによれば、ガラスの空洞＝コップ、声高らかなヒナゲシ＝おんどり、緑のおしゃべり屋＝蛙、バレリーナの衣装を着た虫＝蝶々、香りの叙情曲＝花束、人なつこい蟹＝開いた手……となるが、枕詞とこれらの語句と唯一違うところは、パリではそれぞれの詩人が自分の語句を発明しているのに対し、東京ではだれもが同じ言葉を使わなければならないことである。型に従うことが不変の規則になっている。だれも帝の威信に逆らわないように、この聖なる詩の型に手をつけようとはしない。神話時代、太陽神の御子である原初の天皇の宮廷で気高い女性たちが詠んだ歌と、現代の短歌や俳句や長歌は音節の数のうえでまったく同じである。短歌は、過去と同様、現在も五音節と七音節の行からなる五行詩で、合計がつねにきっかり三十一音節であり、これは将来も変わることはないだろう。これよりさらに短い俳諧は、五・七・五の音節からなる三行詩である。長歌は際限なくつづく長い詩であるが、型は決まっている。五音節と七音節の各行からなり、最後に七音節の一行を付け加えるのだ。このような厳格な条件があることを考慮すれば、歌を長くも短くもでき、その他いろいろの役に立つ枕詞や掛詞を、日本の歌人が使用する必要があるのも理解できる。

枕詞はすでに述べたように、修飾し、埋め、洗練するものである。掛詞は全体を分けたりまとめたりする働きをもっている。

たとえばスペイン語の詩でこう書くとする、“Yo conozco un avestruz—que a pesar de su ignorancia—está regentando un juz-gado de primera instancia”（私は一羽のアベストゥルス（駝鳥）を知っている、彼は無知にもかかわらずフスガード（第一審法廷）を仕切っている）（駝鳥の最後のルスと、法廷のフスの音を掛けている）。この場合、法廷という言葉が、場合によっては本来の意味をもあらわす掛詞となっている。掛詞は二重の意味をもつ場合もあり、また音節数を合わせる目的以外には何の意味ももたないこともある。それはわれわれがスペイン語でこう言うごとくである、“Tu musa siempre-azul-nos deleitaba”（君の—青き—詩才はいつもわれわれを楽しませた。）この場合、「青」という語はリズムを与えるに過ぎず、内容が漠然と詩的なものになりさえすればよいのである。このように日本の詩歌は冗語を技巧的に駆使しているために、一般的に翻訳が不可能である。

日本の詩歌は翻訳不可能

『アジア人が使用する文字に関する論文』の中でロスニ教授はこう述べている。「日本の詩歌の大半は翻訳不可能である。というのは、日本人がもっとも評価している言葉遊びの中にあるものが、他の言語に移すと消えてしまうからである」と。実際、大和の歌人たちにとっては修辞上の複雑さが、歌の評価すべき値打ちのひとつとなっている。読み手も作者と同じように努力しなければならない。どんな些細なことでも神秘性に欠けるものは称賛に値しない。

ある有名な短歌はこう歌っている。

〝秋の刈り取りのとき、わがあばら家の茅葺き屋根は傷み、わが衣は朝の露に濡れそぼる〟（「秋の田のかりほの庵の苫をあらみ、わが衣手は露にぬれつつ」天智天皇、後選集、巻六）

さて、この歌が何をいおうとしているかおわかりになるだろうか。田に働く農夫が天皇の助けを求めているのだ。

もう一つ例をあげよう。

〝天の風よ、その一吹で雲の隙間をふさいでほしい、少女らの美しさを大地から逃さぬように〟（「天つ風雲の通ひ路吹きとぢよ、乙女の姿しばしとどめむ」遍昭僧正、古今集、巻十七）

これは、人間がつねに神々の庇護を受けるためには、聖なる力の参入が必要なことをいっているのである。

〝たかの山の頂にいかな嵐が吹こうとも、わが歌がわが記憶をとどめてくれるだろう〟（原歌不明）

という歌の場合、神秘性は観念上の遊びからではなく、言葉の組み合わせから生まれている。つまり「たか」という語が猛禽の「鷹」と「高さ」を同時にあらわしているのである。

というわけで、このような歌は、いったいどのように西洋の詩に訳したらよいのだろうか。かつて翻訳を試みた人々は、意訳するか新語をつくりださなければならなかった。その結果、ときには不思議な、ときには珍奇な、またときには美しいものが生み出されたが、忠実な訳はけっしてできなかった。イタリアの詩人マリオ・キンティが、最近ミラノのある雑誌に和歌の翻訳撰集を載せたので、その中からいくつか拾ってみよう。

〈一夜だけ〉
十分だった／一夜だけで　／短い、とぎれとぎれの夢／恋したまま幸せに死ぬために

〈愛の残酷さ〉
あなたのことを想いながら眠りについた／あなたの夢を見たのはそのせいだろう／
至福の夜だった／そして朝がきた／目覚めることのなんという悲しさ

〈夜明け前〉
まだ夜はあけていなかった／小鳥のさえずりに涙した私／天が明かるんだ／
でも私の愛しい人、あなたは／まだ幸せに眠っている。

〈比較〉
夜闇が深ければ深いほど／星の輝きがますように／恋の苦しみの／大きいほど甘くなる
口づけ

〈祈り〉

あれは一夜のゆめ／枕よ、だれにも話してはいけない／私がお前の上に黒い頭をのせて／かの人になにもかもささげたことを

〈断片〉

空には月、そして／あの春の魅惑の輝き／あれ以来ため息ばかりついてきた／でも今宵は……あゝ今宵こそは……

この訳詩は修辞的な技巧の点では確かに優れている。しかし現実的な視点からすれば何とも不毛である。日本の詩歌にはこのような嫋《たお》やかさや音楽的な響きはまったくない。脚韻は存在しないし、リズムもごくわずかである。要求されるのは何よりもまず新しい考えを力強い型で表現することである。偉大な批評家である紀貫之は、歌人遍昭の歌について、彼の歌には「軽い音楽を思わせる軟弱さがある」と非難している。貫之がこのように忌み嫌った歌人たちは、脚韻をもつ中国の詩を真似ようと努力したのだが、日本語の音声の乏しさゆえに、その努力が無駄であったと告白せざるをえなかった。実際、日本語ではすべての単語が母音で終わり、しかもその母音が五つしかないため、脚韻はほとんどつねに同じものにしかならなかったはずである。リズムに関しても、韻律上のアクセント同様、音声がよく似ているため明確には出ない。

かくして散文と詩を区分する唯一のものが、アストンの正鵠をえた観察によれば、五音節と七音節の句の組み合わせだけということになるのである。

おしなべて日本の詩歌はつねに、ギリシア的意味におけるエピグラム（寸鉄詩）であるといえよう。歌人は何よりもまず観念上の作業をする。彼は職人の労働や芸術家の努力や金銀細工師の修練といったものを軽蔑する、というより、そういうものを知らない。歌人の興味は、いかに少ない語彙を用いて多くを暗示し喚起できるかというところにあり、十八世紀のかの素晴らしい風景画家たちがたった一筆の優美な線でなしたことを、五行の短歌で行なおうとするのである。このことは、帝の命によって撰歌出版された多くの和歌集のうちのどれでもひもといて見ればすぐにわかる。それぞれの歌が一つの絵あるいはドラマになっている。応神天皇が長い髪の乙女たちの美しさを歌ったそのほとんど神話の時代から、外山正一とその弟子たちが修辞法をヨーロッパ化しようとした近年にいたるまで、日本の詩歌はつねに人工的かつ趣意的であった。歌うために歌うということは一切ない。言葉だけでは何の価値もない。イメージや象徴的なもの、教訓、思い出、謎、絵といったものがなければいけないのだ。

まず見ていただきたい。

〝うま酒で名高い、三輪の家、朝からその戸を開けさせようではないか、お丶、三輪の戸を〟（「味酒《うまさけ》　三輪の殿の　朝門《あさと》にも　押し開かね　三輪の殿門《とのと》を」日本書紀崇神条）

二番目は、

〝枯れ葉が落ちるのを見て思った、哀れな枯れ葉が枝に舞戻って行くではないか、あゝ、あれは蝶だ〟（「金色の小さき鳥のかたちして、銀杏散るなり夕日が岡に」与謝野晶子）

これら二つの歌の間には二十世紀の隔たりがある。初めの歌は紀元一世紀のものであり、二番目の歌はつい最近の作である。にもかかわらず、両者は同じ歌人のものかと思われるほど、同じ型、同じ沈鬱な優美さ、同じ隠喩、同じ超経験主義的意図をもち、作り方すら同じである。ロスニは言う。「日本の詩歌は、はるか昔から今日にいたるまで、魂の叫びかあるいは観念の反映以外の何物でもない。詩人がなすべきことは、観念を触発することであり、それを表現することではない。つまり彼の使命は、ある観念を少ない言葉の中に隠し、それが垣間見えるようにすることである。」この行間には一種のマラルメ（十九世紀末のフランスの象徴主義詩人）的な理論が見いだせないだろうか。まさに暗示の理論は似たような原理を出発点としていたのだ。しかし、パリでは文学の流派は東京ほど長続きしない。東京では、九世紀の万葉集やその百年後に編纂された古今集をまだ皆が読んでいる。識者は、感性のちょっとした変化にも目くじらを立てる。貫之は西暦一〇〇〇年にこう書き記した。「今の時代、愛が人間の心の中に装飾的な好みを育てた。そのために、もはや思索による深みをもたない軽薄な詩歌しか生まれなくなってしまった。」そしてその何世紀も後、古典研究の復活を祝って本居宣長がこう書いている、「われわれは先達の教えのおかげで古語をとりもどしたので、万葉集のような歌をつくることができるようになった」と。現在、この古典的精神は国の行政や軍事の近代化のせいで一掃されたかというと、まったく反対で、国家の戦の勝利のなかで新しい力と新しい誇りとを獲得している。

日本の詩歌は日本語で

この国の西洋化について、ヨーロッパ人やアメリカ人がもっている考えほど間違っているものは他にないだろう。確かに、進取の気に富んだ日本人が、ドイツやフランスあるいはイギリス風の軍隊や政府、科学、産業をもつだけで満足せず、習慣や衣服、好みや芸術までも変えようとした時代があった。しかし結果として残ったものといえば、流行遅れの山高帽と色褪《あ》せたフロックコートの山、ボナールを真似た何枚かの絵画と、ある種の試験的な文学作品だけである。それらが八世紀の黄金時代の短歌のように何世紀も生きつづけるとは思えない。

詩歌改革の一番の推進者は東京帝国大学の教授、外山正一で、彼の最初の作品は一八八二年に『新体詩抄』となって発表された。彼は古典主義的な伝統の型を捨て、ある批評家の比喩によれば〝美学における蒸気機関車に相当するもの〟を日本人に紹介するために、イギリスやフランスの詩を翻訳した。それらの訳詩は彼の革命的な本の序章に紹介されているのだが、けっして新しい作品ではない。なかにはシャルル・ドルレアンやシェイクスピアがあり、他にグレイのものもある。一番新しいのはテニスンの詩である。外山が試みようとしたのは、慣習的な修辞法の軛《くびき》を振りほどき、詩を進歩させることであった。彼は言う。「古い言葉は近代の生を

島崎藤村『若菜集』明治30年（1897）刊

表現するにふさわしくない。」彼は言葉を若返らせるために、それまで文学で排斥されていた語彙を無数に取りこみはじめた。そして、深い意味をもち響きもよい言葉であるにもかかわらず、中国語起源であるため詩歌の語彙の外におかれていた古い言葉の中からも、忘れ去られていた宝物を掘り出した。このように彼の趣旨は素晴らしかったのだが、その結果は漫画的なものにしかならなかった。

アストンによれば、「外山の詩は、ラテン語やギリシア語を満載したイギリスの詩と同じく醜悪な衒学的効果しかもたらさなかった」。しかしまさにそれゆえに、外山の詩を真似る者の数は多く、なかでも有名なのが、『花紅葉』の塩井雨江、『松虫鈴虫』の柴田資郎（実際は三木天遊と繁野天来の共著）、『暮笛集《ぼてきしゅう》』の薄田泣菫《すすきだきゅうきん》、『若菜集』の島崎藤村である。彼らは、ヨーロッパの革新者たちと同じ熱意をもって近代化のあらゆる手法を試みた。脚韻を導入しようとし、さまざまな韻律を試み、かなり極端な隠喩も加えた。しかしこれらの試みの結果、十年後に残ったものは大衆的な言葉を比較的自由に使用する習慣と、長い詩を短い節に分けるということだけであった。その他の面では、相変わらず昔と同じ五音節と七音節の行からなる型がつづいている。これは型の問題であるが、基盤は何も変わっていない。貫之が十世紀の昔に歌人の魂を記した美しい文章が今もなお生きつづけているのだ。詩人は昔と変わらず今も、胸が喜びにあふれれば歌い、雲が富士山をとりまくように愛に包まれれば歌い、物憂いため息をついては歌う。花の香りに酔ったとき、象徴的な桜の木がピンクの雪のような花に覆われるとき、庭の池に蓮の花が開くとき、彼らは歌う。愛や悦び、美、憂愁、そして英雄的な心を歌い、戦さから戻らない侍のこと、嫉妬に死ぬ乙女のこと、杯に満ちる酒のことを歌う。それ以外のものに対しては、今も昔も相変わらず完全に無関心である。

日本語では音韻的に詩と散文とが混同されやすいので、文学者たちは題材の中に両者を分ける高い境界を築いた。散文は生活の道具であり、思想、叙述、小説、法律、典礼に関するすべてがこれに含まれる。詩には、揺れる心や優しい心情、苦悩、愛、謎、悦びなど、魂の分野があてられる。詩はため息であったり、感嘆、比喩あるいは想念をあらわす。チェンバレンの観察によれば、実在の壮大な光景も、人間の偉大な行為も日本人の詩的題材にはなりそうにない。イギリス人作家アストンが日本の詩の主題リストを作成したが、彼によると「まず最初に来るのが、愛、郷愁、愛する者の不在の悲しみ、死を前にした苦悩、酒を飲む楽しみ、存在の儚《はかな》さに対する嘆きである。自然の中で興味をもつのは、季節の移り変わる様子、小川のせせらぎ、花、木、苔むした石、富士山の雪、浜に打ち寄せる波、砂浜の海草、鳥のさえずり、虫や蛙の鳴き声、水に跳ねる鱒《ます》の姿、春の草、秋の鹿の鳴き声、楓の紅葉、月、雨、風。そして最後に、ある種の英雄的あるいは愛国的情熱と、莫大な量の言葉遊び、さらにいくつかの宗教的な想念をつけ加えればリストが完成する」。ここに列挙されているもの以外は、詩の普遍的な題材とはならない。

かくして、散文で偉大なる業績が歌われるのは遠い将来のことだろうと思っているわれわれに先立ち、日本ではすでに彼らの『イーリアス』と『オデュッセイア』がリズムのない言葉で書かれていたことが判明するわけだ。それらのドラマは、古くは語りではなく歌われたものであったが、その中に詩はほんの数篇しかないのである。

日本詩歌の分類

多くの勅撰詩歌集のなかで詩歌の分類は次のようになされている。第一に四季の歌、第二が愛、第三に悲哀、第四が比喩あるいは象徴的な詩、第五が軽やかな歌である。

第一の範疇に入る短歌を紹介しよう。

〝わが日々は望み満るも、物憂きはわが心、春来れば花の間に解ける雪のごとくに〟（原歌不明）

〝静かに降れ、春の雨、花の盛りの桜枝を吾の見ぬまに、折らぬように〟（「春雨はいたくな降りそ、桜花いまだみなくに散らまく惜しも」万葉集、巻十）

〝もう夜明けだ、彼女のことを想って眠れない、いつ終わるのだろうか、この愛の熱き季節〟（原歌不明）

第二の愛の詩というのがどういうものか、次の二つの短歌で見てみよう。

〝伊勢の遠海の、白波が花であったら、そしてそれが摘めたなら、愛する人への素敵な花束〟（「伊勢の海の沖つ白波、花にもが、包みて妹がいえどとにせむ」安貴王、万葉集、巻三）

〝もしあなたの手が、私の手を握ってくれたなら、この世の言葉が皆、敵意に満ちていてもかまいはしない〟（「人言は夏野の草の繁くとも妹と我とし携はり寝ば」万葉集、巻十）

第三の悲劇の詩の例としては、短歌ではなく人麻呂の長歌を紹介しよう。この歌は日本人が宝玉のように評価しているものである。

〝そのかんばせは秋のように仄白く、その姿は竹のように嫋やかだった。
その命の、綱のごとく長かれと祈り、露のように儚くないようにと祈ったのに。
その名を聞き及んでいるに過ぎない我らでさえ、このように悲嘆にくれている。
ましてや夫の悲しみはいかばかりであろう。
彼女の添い寝のない独り寝の夜、嘆きに沈むことだろう。
その命の儚さはまるで露のようだった。〟

（「あきやまのしたべる妹、なよたけのとおよる児らは、いか様に思ひをれか、たくづなの長き命を、露こそは朝に置きて、夕には消ゆといへ、

霧こそは夕に立ちて、朝には失すといへ、あづさゆみ音聞く我も、
仄かに見しこと悔しきを、しきたへの手枕まきて
つるぎたち身に副へ寝けむ、わかくさのその夫の子は、
寂しみか思ひて寝らむ悔しみか思ひ恋ふらむ、
時ならず過ぎにし児らが、朝露のごと、夕霧のごと」万葉集、巻二）

第四の比喩や象徴的な詩と呼ばれるものの例としては次の二歌を紹介しよう。

〝波静かな四海に、大風が吹く、四方からの風に枝は騒がず〟（原歌不明）

〝暁近く雪が降る、美しい松の上に降りしきるが、その葉が白くなることはない〟（原歌不明）

最後のグループには、可笑しみのあるものや基本的なものすべてが含まれる。次の歌が典型的な例である。

〝わが目に憎きもの、酒を飲まぬもったいぶった愚か者、そんな者を見ると、猿と比べたくなる〟（「あな醜、賢しらをすと酒飲まぬ人をよく見れば、猿にかも似る」大伴旅人、万葉集、巻三）

〝この世にいる間に、楽しみに出会えるなら、来世で虫になろうといたちになろうとかまうことではない〟（「この世にし楽しくあらば来む世には虫に鳥にも吾はなりなむ」同右）

以上の詩歌はすべて勅撰集に入っている（万葉集は勅撰集ではない）傑作とみなされているも

のばかりである。しかし西洋的な好みからいえば、少しも魅力的でないし、快さもない。そこでこう問わざるをえなくなる、偉大な伝説や大いなる冒険譚や立派な絵画や建築をもつこの国で、なぜ何世紀にもわたってこのような矮小な詩しか産み出されなかったのか。北斎や狩野、本居や馬琴を輩出した国が、どうして彼らに肩を並べるような、この国にふさわしい詩人を生み出さなかったのか。日本語に精通している人々は、「もちろんどの時代にも偉大な詩人はいたのだが、彼らの作品はその修辞法のせいで訳出が不可能なのだ」と言う。博学のチェンバレンが『日本の古典詩』の中で述べている言葉を思い出してほしい。彼によれば、「ヨーロッパの読者には、このような言葉遊びはつまらない手なぐさみ的なものに見えるのだが、日本語の原文ではこうしてつくられた詩こそ味わい深いものであり、読者の目に、そこはかとなく優美で儚《はかな》く暗示的な一連の絵画を彷彿とさせるものなのだということを知るべきである」。

というわけで、日本の詩を味わいたいなら日本語で読もうではないか。とにかく日本語で読むしかない。

誰もが歌を詠む国

いずれにせよ、仮りに日本が他の国のように偉大な詩人を生み出さなかったとしても、日本は世界中の詩を集めてもかなわないほどの量の詩をつくりだした。実際このことは教育のある日本人なら誰でも実証できることである。われわれが学校で正字法を習うのと同じように、日本では学校で短歌の作り方を教えるのだ。三十一文字の詩を詠むことが良い教育を受けた証しとなり、上品な余暇の過ごし方となっている。

英雄譚を読むと、戦士たちがしばしば天空の美や花の香りを歌にして無聊をなぐさめる場面が出てくる。『須磨の桜』の序には、平忠度の象徴的な逸話がのっている。彼は甥の敦盛卿から敵がたてこもる城を攻撃せよとの指令を受けていた。この任務を遂行する前に彼は歌の師(藤原俊成)を訪れてこう言う。「戦さのためにお屋敷へ伺うこともままならず、毎日お目にかかることのできる日を心待ちにしながら過ごしておりました。しかしこのたびの戦さでは生きて還れぬことが確かですので、私の最後の歌を持って参上致しました。」紀貫之も土佐日記の中で次のように語っている。土佐へ向かう船に乗る前に、彼がある親王のもとへ別れの挨拶に出向くと、その親王は一緒に「食事をし酒を飲み、歌を詠もうと仰せられた」。天皇家には、かの伝説的な仁徳天皇の皇后(磐之媛《いわのひめ》)時代から現代の立憲君主たる天皇にいたるまで歌人が多かった。詩作の黄金時代であった八世紀には、上流階級の男女はこぞって歌を詠んだが、その範となったのが宮廷であった。

それから少し後の、アストンによれば西暦九〇五年、詩歌の重要性が高まり、とうとう醍醐《だいご》天皇が詩歌を司《つかさど》る省を設けるにいたった。その最初の長官が紀貫之である。この省の任務は、注目に値すべき歌をさがし出し、それらを和歌集に編纂《へんさん》し、歌会を催してよき趣味を奨励することであった。ところがその結果は惨憺《さんたん》たるものであった。歌の選者たちは、作品を一行一行、一語一語、中国式に吟味したので、賞をめざす者たちは言葉を磨き深めるかわりに、複雑な言葉遊びに走るようになり、日本民族の特性である熱烈な誠実さを忘れてしまった。さらに時代がすすむと、わずかながら自然主義が取りこまれるようになり、日本人の詩才に生気がよみがえってきた。十三世紀になると名高い短歌が人々の口に誦されるようになり、歌の断片をもちいる能演劇は宗教的な性格を捨てて大衆的なものとなった。こうして十七世紀には、詩をつくるのは侍や宮廷人だけではなく、農民でさえ十七文字の短い詩を作って楽しむようになった。この詩は俳諧と呼ばれ、次のようにスペインの雅詩（カンタレス）に似たところがある。

〔男が皆、夢見るものは、秋の月〕
〔私を呼ぶのは、上野の鐘か、愛しい人の声か〕
〔枯れ木にカラス、今夜は怖い〕

この大衆的な小さな歌の花々は、生まれるやすぐにその素朴な香りで日本の詩界を満たした。短歌は瑞々《みずみず》しさをとりもどした。詩歌を司る省が勅命により八世紀の作品を再刊した。こうして賀茂真淵が「国の精神が若返った」というに至ったのである。その後も、近代化主義者たちのいくつかの試みを除けば、この若返りはつづいている。現代でも、世をあげての金儲け主義礼賛にもかかわらず、だれでもが歌を詠む。天皇は兵士たちの英雄的な行為をことほぎ歌い、内親王たちは、戦さに行った者すべてが戻ってくるわけではないことを七五調で嘆く。ある外人旅行者が感心してこう言った。「日本では昔の詩人の言葉が、季節の移り変わりごとに繊細なリズムと気のきいたゴンゴリズム（文飾主義）で生き返り、人々の口から口へと飛び交う。」誰もが歌を唱っている。まさに、この魅力的な国では何もかもが歌っているのである。

10 女性

女性蔑視

ここ数か月というもの、どの雑誌を開いてもかならず日本女性に関する記事に出くわす。いま、話題のテーマなのだ。イギリスでもフランスでもどこでも、この〝日出づる帝国〟における女性たちの奴隷的境遇が話題になっている。

しかし、これまで田村直臣（一八五八―一九三四。明治大正時代のキリスト教牧師）ほど、この問題に真剣にとり組んだ人物はいないだろう。彼の本（『日本の花嫁』）は東京の女性たちが福音書のように読んでいるものであるが、最初の行からその率直さに気づかされる。まず最初の一節を見てみよう。「日本では愛ゆえに結婚する者はいない。そのようなことをする男は道徳心のない軽蔑すべき人間と見なされ、親たちも恥をかく。というのは、女性への愛が道徳的尺度においてきわめて低いところに置かれているからである。」この考え方は仏教の教えに根ざしている。女性は泥のように汚らわしいという言葉が仏典の中にあり、これを子供たちは言葉を話しはじめるとすぐに学習する。田村によれば、これこそが日本の女性蔑視の真の根源なのであるが、誰もがそう考えているわけではない。仏典に関するもっとも博学な研究者の一人とされるフランス人ペリは、仏教における女性憎悪は他の禁欲的な性格を有する宗教に比べて特別に強いものでも弱いものでもない、と正しくも述べている。実際、狂信的な僧侶は女性を地獄の使いとか誘惑の悪魔とか罪の源泉とか呼んでいるが、カトリックの神秘主義者も同じ言葉どころか、もう少し強い言葉さえ用いてはいないだろうか。確かに言えることは、釈迦牟尼の寺院もキリストの教会も女性に優しくないということだけである。したがって、現代日本における女性蔑視の原因は他にあるに違いない。

いずれにせよ誰の目にもあきらかなのは、日本人にとって肉体的行為としての愛と精神的な愛との間に何らの違いもないということである。彼らは同じ一つの言葉で、所有の獣的行為と清らかな理想の憧れを表現する。田村は言う。「〝惚れる〟という言葉は女性に適用されるとつねに悪い意味にとられる。われわれが愛と欲情の違いを設定できないのは嘆かわしいかぎりである。つまり夫婦愛の甘美さを理解できないのだ。またわれわれの心と考え方の中にある虚しさをみれば、なぜ結婚に愛がないのかがわかる。」

一方、日本人は結婚を、重要かもしれないが神聖な意味はないひとつの儀式でしかないと考えている。それでは、彼らにとっての結婚はどのような意味をもつのであろうか。これを説明する前に、田村は日本人の社会生活上重要な役割を果している根本理念、つまり民族の理念について解説してくれる。それは、人間の命が家の命ほど大事ではないということである。

「家」本位の結婚

封建時代、もっとも恐れられた刑罰は「家」の取り潰しであった。現代でも教育を受けた日本人なら誰もが、血統の絶えることが人間にとってもっとも大きな不幸であると考えている。日本人は純血の保持に腐心する。ヨーロッパやアメリカでは日常的かつ普遍的なことである混血を、日本では自然に対する罪として排斥する。田村は言う。「結婚を取り決める前に、日本では未来の妻の家系をつぶさに調べる。したがって、純血を証拠立てることのできない女性には良縁をえる可能性がほとんどない。ユダヤ人はアブラハムの子孫であることを示しうるとき、誇らしげにするが、日本人の場合は家系の中に有名な先祖がいるときにそうする。たとえ貧しくても血統が正しければ誇りをもって生きられるのである。」日本人の有識者のだれもがこう宣言して憚《はばか》らないのだから、われわれもこの明確な原則を必然的に受けいれなければならないわけだが、実はこれこそが日本の社会を構成する根本原理なのである。となれば、当然そこから帰結するものが見えてくるではないか。男性のこのような誇りが女性を奴隷化しているのだ。家庭は巣ではなく孵卵器である。子供を産むことこそ結婚の目的なのだ。しかも子供は、「彼」の種を存続させる男児でなくてはならない。そして「彼女」は子供をつくることにおいて機械的な受け身の役割しか持っていない。

結婚をひかえた娘に母親は、良き人妻となるようにと次のようなことを言いきかせる。

一　あなたは結婚したら法律的にも、もうわが家の娘ではないのですから、私たち両親にしたと同じように、婚家の両親に従わなければなりません。

二　結婚後は夫だけがあなたの主人です。控えめに優しく振る舞いなさい。夫への絶対的な服従は女の美徳なのです。

三　婚家の両親と兄弟をつねに敬いなさい。

四　嫉妬してはいけません。嫉妬深くては夫の愛情をえられません。

五　自分に道理があると思っても怒ってはなりません。耐え忍ぶのです。異を唱えるのは夫が冷静なときだけにしなさい。

六　おしゃべりや隣人の悪口を慎みなさい。とりわけ嘘をついてはいけません。

七　朝は早く起き、夜は遅く寝、昼寝をしてはいけません。酒は慎み、五十歳を過ぎるまでは人混みの中に出てはなりません。

八　占い事に惑わされてはなりません。

九　家計と家政に気を配りなさい。

十　新婚とはいえ、若い娘たちと一緒になってはいけません。

十一　派手な化粧をしてはいけません。

十二　実家の両親の富や地位を誇ってはいけません。またそれを姑や夫の姉妹に見せつけるようなことをしてはいけません。
十三　使用人にはよくしてやりなさい。

謙虚さと服従

これら十三の訓《おし》えの中でもっとも重要、おそらく唯一重要なのは、謙虚な服従を命じている箇所であろう。家庭生活のすべてが、これら二つのおそるべき徳、すなわち謙虚さと服従にもとづいているのである。妻はひざまずいて夫に話しかけ、妻は不平を言ってはならず、妻は夫のすることを見てはならない。結局、彼女は好ましい女中でしかないのだ。この規則は結婚の最初の日から厳重に課せられる。ハネムーンにも甘い新婚気分はない。ハネムーン。ここで田村直臣は言う。「このような幸せな言葉は日本ではまったく知られていない。それどころか、新婚の女性にとって最初の数か月はとうてい楽しいといえるものではない。彼女は前夜どんなに遅く就寝しても、日の出と共に起きなければならず、起きたら夫の家族のそれぞれの部屋へご機嫌伺いの挨拶をしに行かなければならない。結婚当初の数日間は夫とほとんど話をせず、何を問われても〝はい〟とか〝いいえ〟と一言で返事をするだけである。五日目には裁縫の腕を披露するため、姑のものを何か仕立てて贈る。一週間後に妻は実家に戻り、三、四日過ごす。この間に夫は妻の家族全員の土産を用意して妻を訪れる。実家では婿のために盛大な宴会を催す。夫のもとに帰るのを拒む新妻も稀《まれ》ではあるが時にはいる。これが日本のハネムーンである。」
このような従順で万事受身の人間にするためには、少女をおとなしい道具へと改造するための長い準備期間が必要である。事実、女性の修身に関する教えでは、どれも最初に服従を命じている。
十七世紀末に活躍した著名な学者である貝原益軒は、女性の徳目を次のような修身五か条にまとめた。
一 立派な女の本来の特質の第一は謙譲と服従である。
二 言葉遣いについては、女は慎み深くあるために言葉を注意して選ばなければならない。必要なとき以外は口を開いてはならず、普段は黙して人の言うことを傾聴すべきである。
三 着物については不要の華美を避け、良い趣味と上品さを心掛ける。
四 技能については裁縫、刺繍、料理が女の技能である。
五 少女の耳には何も聞かせてはならない。
このような原則の下で教育されたのであれば、家庭の女性が慎ましやかな家具のようであったり、ハネムーンが結婚開始にあたってのもっとも辛い時期であるというのも納得がいこう。ハネムーン。悲しいではないか。ヨーロッパでは楽園のように思い描かれているハネムーンが日本ではみじめな恥ずべき悲哀に満ちている。新婚の妻は目を覚ますと自分が奴隷になったように感じるわけだが、なんとそれも夫の奴隷というだけではない。日本には中世スペインの女領主以上に厳格な姑がいる。田村によれば、「日本では、義理の母親は優しい存在ではない」。姑は幼い子供に対するような執拗《しつよう》さで息子の嫁を扱い、正しい食事の仕方や挨拶の仕方など無数の規則を教えこむ。ゆえに、日本の妻にとっては夫を満足させるより姑を満足させる方がずっとむずかしい。彼女の毎日に暇などない。朝はだれよりも早く起き、夜は最後に休む。一日中働き、台所をとり仕切り、家事一切をし、夫の身の回りに気を配る。あらゆる手段を用いて夫に満足してもらうよう努め、それをつねに姑の直接の監視下でやらなければならない。もし反抗すればどうなるか。姑への不服従は離婚の第一の理由になるのである。

田村の本の中でもっとも日本的な描写のひとつは、花婿を探す方法に関する部分である。すべては、地域の住民に精通し、どの家庭にも問題なく入りこめる代理人の仲介によって運ばれる。一旦結婚の話が受け入れられると、原則として見合いのための席が設けられる。これはもっとも重要な儀式である。

「仲人は候補者をともなって娘の両親の家を訪れる。日本では来客があると、まず召使が応対に出、客を玄関から離れたところにある客間に通す。客は畳の上に座り、家の主人が出てくるのを待つ。その間、女中が客を接待し、冬であれば火鉢をすすめ、夏ならばタバコや茶菓を客の前に運ぶ。これらの準備が終わると、家の主人が姿をみせ丁寧にお辞儀をして挨拶をする。それぞれの紹介がなされる。客がお茶のお代わりを所望した場合、主人が次の間に控えている召使を呼ぶのが普通であるが、古典的な見合いの席では娘が召使の代わりをする。このときが求婚者にとって未来の妻を見ることのできる唯一の瞬間である。問題をはらんだ際どい瞬間である。父親と仲人はさかんに話をつづけようとするが、求婚者の注意はあらぬ方に向いている。彼の視線は顔を赤らめて恥ずかしそうにあらわれる若い娘へとまっすぐに向けられる。彼女はしとやかに入ってきて、お茶を差し出し、お辞儀をして引き下がる。彼女が三分以上その場にいることはない。その間、一言もしゃべらない。この短い出会いの後で、求婚者は結婚するか否か決めるのである。」

この見合いさえ許されないことがある。親同士がすべてを取り決め、求婚者たちは結婚式までお互いに顔を合わすこともない。気に入らない場合、状況は女性の方に不利になる。彼女にはもともと女であるがゆえに苦情を言う権利がないのだ。心も体も意志も考えも、何ひとつ彼女のものではない。すべては男のためのものであり、男のものなのである。

新時代の女性

しかし、彼女らを不幸だと言ってはならない。田村がそうは言わせない。彼は自信をもってこう言う。「日本女性は世界の他の国の女性と同じくらい幸せである。」その理由も結局のところ悪くはない。まず聞いてみよう。「日本では母親が、女の子は男の子より劣っているということを娘に教えこむ。男の子は姉妹を呼び捨てにするが、女の子はそうはいかない。〝アニサン〟と敬称をつけて呼ばなければならない。食事のときも男の子が上席を占め、父親と一緒に母や姉妹の給仕を受けながら食事をするのが普通である。こうして日本の女性は、子供の頃から自分は劣った者であるという自覚をもたされる。十歳頃には、女の子はもう兄弟と遊べない。はっきりと禁じられなくとも、この年頃になると子供たち自身が分かれる。この頃から両者を隔てる壁ができる。」田村によれば、この習慣ができた原因は、「男女七歳にして席を同じうせず」という孔子の教えにあるという。単に「女」と言われるだけで不名誉なことであり、愚かな男がそう呼ばれる。

日本の女性は家の中でさえ力を持てないとされている。このような思想からすれば、男の子と女の子が離れて暮らしている理由も、男女の友情がありえないことも十分に理解できよう。田村は結論としてこう言う。「外国の若者たちは結婚の約束や申込みをする前にお互いによく知り合うことが許されており、会ったり手紙を交わすことができる。ところが日本の親たちは、子供を信頼していないので、そのような自由を許さない。たとえば、東京で誰かがある娘さんを訪問しようとしても、彼女の両親が極端なほどの用心をするから、娘と話を交わすことなど不可能である。手紙を書くなどはもっての外。試しに送ってみたらよい。彼女の両親が受けとって、それでおしまいである。女性を口説くなどという習慣がわが国に入ることはけっしてないだろう。」

田村は日本女性の実態をかなり自由に研究した人物であるが、その研究を次のような上述の意見をくり返した言葉で締めくくっている。「つまるところ、日本の女性が世界の他の国の女性たちより不幸だということはない。」そうかもしれない。しかし、違う生き方ができるかもしれないことを、少なくとも彼女たちが知りはじめているのも事実である。女性の専心すべきものとして益軒があげた裁縫と料理だけでは間に合わなくなっているのだ。もはや彼女らの耳はどんな言葉も聞きのがさない。

かくして、ヨーロッパやアメリカと同じく日本でもフェミニズムの理想郷が花開きつつある。このことは、須藤南翠（一八五八―一九二〇）の有名な小説を読むとよくわかる。題名は『新時代の女性』、女主人公は牛乳売りで、ハーバート・スペンサーの作品を研究している。彼女は女性テニスクラブの会員であり、機会があれば博学な教授たちと議論も交わす女性である。

11 山水

自然を愛する

日本人にとって自然を愛することは国の宗教のようなものである。子供たちはごく幼いときから石や植物や虫を愛することを教えられる。私が、言葉のより正しい意味において「愛する」と言っていることに注意してほしい。実際、それは愛であって好感とか愛着というものではない。日本人が同胞たる植物に向ける愛は、心優しく生気あふれる真実の愛情である。仏教説話の神髄を滋養としてきた日本人は、木の枝が憂いに沈んだり、野の草が苦しんだり喜んだり、木の葉が声をひそめて内面の想いを語ったり、逞しい木の幹の内側に斧に傷つけられて涙する心が隠されていることを知っている。こういうことがすべて、幼児の感性を育てるうえで素晴らしい教育となっている。少年少女は、街の喧騒から遠く離れた自宅の庭で、最初の友である植物と一体となって暮らす。親たちは、彼らが性格形成期に達すると、ヨーロッパで少年たちを博物館に連れて行くのと同じように、子供たちを景勝の地へと連れ出す。眺めの美しい場所をめぐり訪れるのである。東京から一歩外へ出ると、そういう人々の姿が目に入る。花が咲く一隅や、美しい蛇行を見せる川や、なだらかな線を描く丘陵などが目の前に開けている土地には、かならず見晴らし台と素朴な茶屋がある。この見晴らし台というかあずま屋には、大勢の人々が押し黙ったまま神秘的な眺めにうっとりと見入っている。その様子に、どうしてもこう尋ねたくなる。

「あそこでボーッとしている人たちは何をしているのですか。もしかして、ここは宗教的な巡礼地なのではありませんか。ここで何か仏の奇跡でも起こるのでしょうか。」

すると、ガイド氏が答える、

「仏には関係ありません。」

「それでは、痛みをとり除いてくれる泉か何か?」

「いいえ。」

「しかし、何かあるはずでしょう。こんなに大勢の人が何もない道の茶屋にきまった時間に集まっているのですから。」

「特別なことなどありません」とガイド氏は断言する。「一年中いつもこうです。ボーッとしているように見えますが、あの人たちはいろいろな地方からここの景色を愛《め》でにやって来たので、ただ美しい眺めを見ているだけなんです。」

実際、花に埋まった野原や聖なる蓮の花が浮かぶ池を鑑賞したり、青い山々に登ったり杉林

上野駅　明治42年（1909）頃の写生画

に沈む夕日を眺めたり、岩間をぬって流れる清流に見とれたり、あるいはまた庭園の芝を洗う銀色の流れを見たり、花盛りの枝の下を散策したり、人気《ひとけ》のない木陰でじっとしていたりすること、つまり一言でいえば美しい景色で有名な場所ならどこへでも出かけるというのが、日本人の最大の楽しみであり、それはまるで逢い引きにでも出かけるかのようにいそいそとしている。彼らは富者も貧者も関係なく、ヨーロッパ人が紅灯の巷にくり出すように、風景鑑賞の団体を組織する。

しかし、実に驚くべきことだが、諸君は宮中で催される最大にしてもっとも宮廷的な二つの行事が何であるか想像がつくだろうか。〝春〟と呼ばれる皇后陛下の誕生日と太陽神・天照大神の子孫である天皇陛下の誕生日、かというと違う。それでは、京都側の忠実な侍たちが天皇の真の権威を復活せんと徳川最後の将軍を打ち倒した栄光の日であろうか。それも違う。この、妖精があらゆるものを司るかに見える不思議な帝国の宮中で祝われる二大祭典は、公家や侍たちが徳の象徴としている花に捧げられているのである。すなわち、ひとつは四月に催される桜祭り、もうひとつは十月の菊祭りである。顕官、高僧、外国の大使、および東京の上流階級に属するすべての人々が、天皇の招待に応じて皇居に参じ、国花である桜と菊の花をまるで詩人のように鑑賞する。それだけである。しかし日本人は自信をもってこう言う、「他に何が必要であるか」と。

ただし民衆にはもっとある。満開の桜の花がピンクの雪のようになって枝々を覆う幻想的な季節が過ぎて五月になると、藤の花房が紫色の装飾的な壮麗さの中に儚《はかな》さをただよわせる。その後には、輝くばかりの芍薬《しゃくやく》の大輪が多彩な素晴らしい絨毯となって野を覆う季節がくる。初夏になると山にも庭園にも、貴族的な優雅さをたたえた色とりどりのアヤメがほっそりとした姿を見せる。暑熱の日々には公園の池の面に、仏の花である神秘的な蓮が誇らしげに花開く。この蓮の花が咲くと古い城の濠が花の道のようになる。菊の後に咲く梅の花は雪と見まごうばかりの白さである。そして最後に厳寒の冬、椿が華麗な花を咲かせる。

「しかし、世界中どこでも大体同じようなものではないか」と諸君は言うかもしれない。確かに、世界中どこでも季節ごとに花は咲く。しかし日本のようではない。単なる桜の花がたとえようもないほど見事に調和した繊細な姿へと変わっていく、このただならぬ美しさは他では見られないものである。東京近郊をまるまる一か月もの間、アヤメで埋め尽くしたり、公園を椿の本物の森のようにしてしまうこの豊かさは他の国にはない。どう言ったらよいのだろうか。樹々でさえヨーロッパよりはるかに美しく見えるのだ。樹々が新緑に萌え出る春、そして紅く染まる秋、これを見る人々の真の祝祭となる。人々の風景巡礼の旅で、桜の花見に劣らず人気があるのは、楓の葉が金属的な色と輝きを帯びる紅葉の時季である。

私は巡礼といったが、美しい植物を宗教的な敬虔さで誉め讃えるために、人々が熱烈な巡礼団を組んで旅に出るのは本当である。彼らは上流社会の人々のように、きまった日にきまった場所へ集まって、最高に美しくまた気品のある桜の満開を見るだけでは満足しない。その植物がどんなにみすぼらしげで、偉大さからはほど遠いものであっても構わないのである。娼妓たちが押しこめられて暮らしている遊廓・吉原でさえ、一年に三回花祭りを催し、その華やかな季節にふさわしい豪華な行列を組む。ノーマンは言う。「花の咲く時期になると花魁たちが王族のようになって花見をする。」まさしく彼女たちは王族のように見える。金糸銀糸の縫取りのある着物、金の 簪《かんざし》をいくつも刺して結い上げた髪、緩慢な歩調と厳かな動作、見据えた目にこもる威厳、固く閉じられた唇の典雅さ、立派なお付きの一行、彼女たちを一心に見つめる群衆、これらもろもろが、この哀れな娼妓たちをその日だけは、お伽噺《とぎばなし》の神秘な行列の中にいる姫君のように見せるのだ。

花魁小紫は、浪人権八への恋文の中で言う。「あなたが贈って下さった花をあなたのお顔を見るように見ています。花の一つ一つに神様が宿っているといいます。この花束の神々の前で私はあなたへの永遠の愛を誓います。」

大地を崇める

日本人の熱烈な愛国心の歴史的根源を探る学者たちは、この、古くは中国の、最近ではヨーロッパの影響をいともたやすく受け入れた国民が、何故これほど狂信的に自国の大地を崇《あが》めるのか不思議に思う。本当のところ、日本人の愛国心は純粋に詩的で社会的なものである。彼らは、偉大な時代の勇猛な侍の子孫であることに誇りを抱き、野蛮な遊牧民に征服されたり混血したことのない種族であることに満足している。だがしかし、まず何よりも、自分たちの山野や海川に特別な愛情を感じているのである。外国の思想や信念、技術は受け入れるが、そのことで民族の性格上の純潔が損なわれるとは考えていない。彼らにとって許せないことは、いつか、ほんのわずかでも、この神聖な大地が外国人の支配するところとなることである。憲法にいう、「日本の領土は日本人にのみ所属すべきものである」と。

この言葉は物質的所有権の理念にもとづくものではなく、かくも美しくかくも聖なる大和の地への詩的愛着によるものである。昔の本を読むと、この賛美の念がよくわかる。山野のことを語るとき、日本人は感きわまって泣くのだ。親房の作品は次のような文章で終わっている。「大和はすべてのものが神によって創られた神聖なる地である」と。

また、『羽衣』という題の謡曲はこういう。「天上の楽しみと人々は言うが、天にはこの地上のような美しさがないのだから楽しみなどない。オヽ、わが大地、天と地が結び交わる聖なる大地。我がものよ。いやまして美しきは、森の木々に風が歌いわたる春。」

ベラールが翻訳したある詩は次のように歌う。「我らが木、我らが草、我らが石そして砂、なにもかもが聖なる霊を宿す。草花の上をささやき渡るそよ風、草につく虫……なんと素晴らしきかな。」

そして日本でもっとも古く、日本人にもっともよく知られている詩は次のようにはじまるのである。「オヽ、大和の地。この上なく美しい秋津島。この愛しさ。」（「うまし国ぞ秋津島大和の国は」万葉集、巻一）

かくして叙事詩人が歌いあげ、国民が讃え、宗教が神聖視しているこの大地は、どこにでもある稲がみのり育つ殺風景な畑地という意味の土地ではなく、物質生活には何の役にも立たないが、国民全体の感覚的実存に欠かすことのできない花咲く大地なのである。侍たちの愛国心は美しい風景と結びついている。先般の戦争（日露戦争）中でも、若い戦士たちが家族に宛てた手紙の中で深い感動を見せるのは、生まれ故郷の庭を懐かしむ心である。

一人は言う、

〝花が風に散った。異国のそよ風はわが心を、かの花々のもとへと運ぶ、わが庭に咲ける花へと〟

別の一人は、

〃庭の棚から落ちたブドウの花、昨日と違ってしまった今日、
棚もブドウの花も今はない〃

このことはしかし、叙事詩や祖国のために戦う戦士たちの郷愁のため息にかぎったことではない。というのも、千年来の時の流れの静けさのなかでさえ、詩人たちがより饒舌であったのは、女性のことよりも花を歌うときだったのだから。それは、各時代の名高い歌を集めた古典的な勅撰詩華集をひもとくだけでわかることである。

貫之は最初のページの歌でこう言っている、

〃「時」に妬みを感じる、時は、私が行けないかの高みで、桜の花を慈しむのだから〃
(「山高み見つつわがこし桜花　風は心にまかすべらなり」古今集、紀貫之)

彼のライバルの一人・人麻呂は、

〃美しきもの、蓮の花、一粒の露の陽にはえて、紅き宝玉と化す〃(原歌不明)

これら歌人たちに、花の美しさは一日しかもたないではないかと言っても詮ない。というのも彼らは次の歌を引いてこう答えるだろうから、

〃桜の花はそれほどか弱いものではない。その素晴らしい優雅さは儚いとはいえ、それは人の感性も同じだから〃(原歌不明)

恋人たちは愛の喜びには花が愛撫と同じくらい必要だと考えている。ある女流歌人はこう歌っている。

〝開いてはいけない山吹の花よ、むやみに美しさを見せてはならぬ、お前を好きな私のあの方、お前のものである私のあの方は、今夜は来てはくれないのだから〟(「山吹はあやな咲きそ花見むと植えけむ君がこよひ来なくに」古今集、巻二よみ人しらず)

別の恋する人はもっと悲しげにこう歌った。

〝庭の陰で語りかける夜鶯の歌、私の心は菊にこそ慰められるものを〟(原歌不明)

しかし、次のように涙を笑いに紛らわせている歌ほど、人を優しい気持ちにさせるものはない。

〝あなたは私を憎んでもよい、仕方がないと思う。でも本当に、どうして私の小さな庭の花を見に来てはくれないのですか〟

(「我こそは憎くもあらめ、我が宿の花橘を、見には来じとや」万葉集、巻十)

このような恋の悩みをもたぬ人でも、花を観る思いは同じ、ある歌人はこう言っている。

〝静かに降れ、春の雪、わが見る前に、枝の花の散らぬように〟

(「春雨はいたくな降りそ、桜花いまだ見なくに、散らまく惜しも」万葉集、巻十)

そしてかの山部赤人は、

〝スミレをさがして春の野に深く分け入った、スミレがあまりにも美しかったので夜になっていたのに、気がつかなかった〟

(「春の野に菫摘みにと来し我ぞ、野を懐かしみ一夜寝にける」万葉集、巻八)

最後に安貴王の歌をあげよう。

〝伊勢の海、その白い波がもし花であるならば、摘みとりに行くものを〟

（「伊勢の海の沖つ白波花にもが、包みて妹がいえどとにせむ」万葉集、巻三）

花を歌うのは何も日本の詩人たちだけではない、と言われるかもしれない。その通りである。しかし、これほどの熱意と優しさと夥《おびただ》しさで花を歌ったのは日本の詩人だけである。初めに述べたように、植物に対する同胞愛が愉悦を伴うものに変わる場合も多い。植物は同胞というだけではなく、有名な仏教説話の中の柳のように、ときには妻ともなる。ある貴族が、樵《きこり》の斧に切られようとしていた柳を救ったところ、その夜、柳の精は恩返しにあらわれ、彼と臥床を共にしたという。

庭と盆栽

実際、日本人は木の間で暮らしている。家屋は壁のない木の箱であり、紙の仕切りが庭と住居を分けている。昼間はこの仕切りを脇に寄せ、家全体が完全に開かれた展望台と化す。こうして朝起きてから夜寝るまで、男も女も子供も絶景とされている日本の景色を目の前にする。というのは、ここで私が庭と呼んでいるものが、実は実在の山々の一隅か、どこか有名な庭園を縮尺・模写してつくった、この国独特の庭だからである。

われわれ西洋からきた者にとって、日本の庭の第一印象は奇異である。あまりにも技巧的で緻密なことにわれわれは当惑する。クリスマスにつくられる馬鹿げているが優雅でもある、あの小景（キリスト降誕の場面を再現して、ミニチュアの山河に人形や家を配したもの）が脳裏に浮かぶ。しかし、この矮小さの内側に真の偉大さを呼び覚ますものがあることに気づき、またそれがわかるようにもなると、奇異感が賛嘆の念にと代わる。日本の庭師は詩人でもある。彼は苔むす岩を山奥に見立てて背景とし、樹や滝や絶壁などを本来の景観の中にあるのとそっくりに配置する。それも、細工師が象牙の小像を彫るような精緻さで行なう。

一八八九年、パリ万国博覧会の日本館で日本人の庭師がヨーロッパ人に初めて紹介し、エドムンド・ド・ゴンクールが大いに魅了された高さわずか五〇センチの樹齢数百年の松や樫は、このためにこそ用いられるものである。モンテスキューは言う。「美しい曲線を描いて枝を広げている樹齢数百年を経た木々は、まるで森の赤ん坊のように見えた。その森陰があまりにも真実らしいので、それがリリパット国のジャングルであり、レバノン（聖書にたびたびでてくる名山）のミニチュアであることを納得するためには聖書的な幻想から覚める必要があった。」確かにこれら小さな樹木は西洋でこそ珍奇であるが、日本ではまったくありふれた大衆的なものであり、極端に狭い場所で自然の雄大さを感じさせるのに役立っている。さらに造園専門店にある独特な形をした石も、これと同じ目的のために使われている。そのうえ、川から水を引くための複雑な水路まである。その完璧さたるや、小庭園を一目見ただけで、博学の人なら誰でもその原型がどこの山河であるかをすぐに言い当てることができるほどである。

日本人は、国中の大庭園に有名な景色を模すだけで満足しているわけではない。木や花、石や池が彼らの頭の中で詩的シンボルとなったり宗教的な霊の宿るところとなるのは珍しいことではない。侍の末裔たちは、新緑の中に民族の伝説的な声を聞き、ヨーロッパ人が単に清々しさや優雅さ、彩りだけを鑑賞するところで、聖なる逸話を想起するのである。われわれは、姿のよいアヤメが咲いている人工の小島をただ美しいと褒《ほ》めるが、古い伝説を知っている彼らは、そこに神や英雄の発祥の地を観る。蓮が繁る池は、しばしば皇后のうるわしい顔容《かんばせ》にたとえられ、つき当たりが東京湾の緑の浜となっている東京海軍工廠の庭園は、物知りによれば、ある英雄的な行為をあらわすところなのである。すなわち、かつてこの地で戦いに敗れ、敵地となった土地にできた米を食べるのを潔しとせずに餓死した二人の武人の亡霊が、果実がたわわに実る林の中を徘徊しているというのだ。

もう一つ有名なものに、チェンバレンが聖なる言葉の威力を示す例として紹介している庭がある。それは、庭というより大きな石がごろごろしている野原のように見える。石はまるで大風に吹かれたかのように、どれも同じ方向に傾いており、樹木はほとんどない。ところが、この殺風景な景色そのものに精神的な魅力が宿っているのだ。その魅力のもととなった伝説によると、ある日の午後、一人の僧侶がこの石だけの冷たい光景を見て悲しみ、野に立って大地に向け有難いお経を一心に唱えた。すると、大きな石たちがそのお経をもっとよく聴こうと、だんだんと僧侶の方へ傾いていったという。

日本の庭園では一個の何の変哲もない苔むした石塊が、美しいツツジや可憐に開花した蓮と同じくらい重要なものだと知ると、ヨーロッパ人は誰でもこう言う。「日本の庭師たちが何としても石を庭の装飾要素にしようとするのはこの話のせいだったのか」と。しかしそれは見当違いである。多分、このような石への想いからこそ伝説が生まれたとする方が正しいだろう。ここ寺々をとりまく樹木の間を歩くと、一歩行くごとになんらかの物語をもつ石に出くわす。ここにある素晴らしい形をした巨石には仏の徳が宿っているとか、むこうの石盤は隠れた悪病を治す力をもっているとか、もっとむこうの玄武岩は奇跡を起こすという具合である。私も沢山そういう石を目にした。どの石にも信仰をこめたお辞儀をすることは一度もなかったが、応神天皇に蹴飛ばされて泣きながら逃げ出したという有名な石には微笑みかけたいものだと思った。残念ながらこの願いは叶えられなかったので、ある庭の、池でつくった「湖」と、隅田川の水を引いた「川」の間にある、まだ何の物語ももたない高さ一メートルほどの形のよい「丘」を眺めて満足したのだった。

日本人の心の深奥まで探究した哲学者パーシヴァル・ローウェルは、極東における芸術性に関する論文の中で、日本は地球上のあらゆる国の中でもっとも無人格的、つまりもっとも主観的でない国であると述べている。さらに彼は言う、「極東においては自然と宗教と諧謔の三つが芸術の基本となっている。この三位一体は一見奇異に見えるがきわめて同質的なものである。自然は具体的な無人格性を、宗教は抽象的な無人格性をあらわし、諧謔は一般的に人格を嘲笑する役割を担っているからだ」と。事実、黄色人種、とりわけ日本人にとって、人間が詩的世界に占める場は、花や月の光が占めるそれよりずっと少ない。

おそらく、人間の感情や情熱をイメージ化することに芸術的感興を抱かないからだろう。魂はまったく未開墾の探究分野なのだ。まるで、「私は何者なのか、山々の広大無辺の連なりや果てしなく広がる海に比べたら、私の内面の存在などどれほどのものか」と言っているようである。したがって彼らは、その本能的な慎み深さゆえに、丘の麓や小川の辺に自分自身の姿を配することなど、めったにしない。自然に生彩を与える牧歌的な恋人たちの姿などなくても、自然そのものだけで彼らの好みには充分なのだ。すでに見てきたように、日本の詩歌の中では、女性でさえ、つまり快楽の象徴であり愛の化身である女性でさえ、桜の花や雪の山ほどには重要な空間を占めていないのである。

12 貧困

東京の貧民窟

困窮とか貧困だとかが、かなり頻繁に話題にされている。田舎から帰ってきた人々はよく飢《き》饉《きん》の話をする。収穫がほとんどなく、狂乱した農民がほんのわずかの米を求めて町に押し寄せているという。外国人たちはメトロポールホテルや帝国ホテルのホールでこのような悲しむべきニュースを読んではこう言う。「東京には貧しさなどまったく見られないな。」

たしかに、日比谷公園や上野公園、あるいは大・公使館のある区域や銀座通りでは貧困は見られない。日本人は伝統的な矜持から、自分の悲しみを隠す術と貧しくとも気位を高く保つことを知っているからだ。施《ほどこ》しを乞う人々もけっして外国人の方へは行かない。昔のスペインの貧乏郷士が、空腹にもかかわらず自分は食事をしてきたのだと人に思わせるため、家を出る前にパン屑を口髭に付けたという話があるが、それはここでは現実のものである。極貧の人々でさえ、貧しさを悟られまいとする。それでも中心街を離れて、東京の本当の内奥に分け入れば、その微笑が実は多くの悲痛な嘆きを押し隠していることにすぐに気がつく。芝の町外れ、新網町と長者町（東京深川あたり）と鮫ヶ橋（東京新宿の四谷二丁目あたり）の各通りが出合うあたり、あえてこれらの迷路に踏みこむ者がいれば、無残な光景が目に焼きつけられるだろう。実際、穴蔵のような家々の奥には、裸で腹を空かせた人々が折り重なりあってうごめいている。日本の一般基準では、人間一人につき二×〇・七五メートルの広さが必要であるというが、ここにはそんな広さもない。私は鉄道の車両一台分の広さの中庭に百人もの人が暮らしているのを見た。

「しかし」と、その地獄のような場所に私を案内してくれた友人が言った。「彼らを乞食や失業者だと思ってはいけませんよ。皆、卑賤《ひせん》ながらも仕事をしていますのでね。着物に継ぎをあてるとか、煙管を掃除するとか、堀川で舟を漕ぐ者もいますし、俥屋もいます。彼らはあの片隅に寝るためにその日その日の家賃を払っているのです。もしその一日分も払えないとなると、貧民窟の持ち主の苛烈さといったら有名でしてね。その強欲なことは金貸しにも劣らないくらいです。金貸しも貧乏人にとっては大の暴君ですから。これまで見てきた家の中で比較的きれいな家はどれも高利貸しの住み家ですよ。貧乏人はそこへ、信じられないようなもの、たとえば形をなしていない着物とか取るに足らない品物まで、質草として持っていくのです。米は欠かせませんから一握りの米を買うために、何でも、値のつくものならどんなものでもわずかな金と替えようとするのです。高利貸しの中には、担保に犬や猫まで受け取って餌代まで稼ぐ者もいます。あなたもご存知のスペインの古い警句にいうように、空腹は恥知らずな顔をしている……。」

事実、飢えた労働者が住む新網と鮫ヶ橋の貧しさは不吉な様相を呈している。しかし日本には、これほど歴然と目には見えないが、もうひとつ同じように根の深い貧窮の地獄が存在している。それは今や、ある限定された都市の一部の貧民街の話ではなく、国の特定の社会階層、つまり世界中の国々でまさしくプロレタリアとか無産者と呼ばれている階層全体の問題である。日本の貧しい家族たちは、大工場の、あるいは工場労働者の生活といったまやかしの多い幻想に惑わされ、狭いながらも自分の仕事場で自前で働く職人の仕事を捨てた結果、伝統にもとづいたそれまでのささやかな幸せを失ってしまったのだ。

北アメリカからの魅力的なニュースが日本の国土の隅々にまで行きわたった。曰く、横浜では一人の織物師が家族とともに働いてやっと生きのびる分しか稼げないというのに、反対側のそう遠くないカリフォルニアのサンフランシスコでは、工場労働者ならだれでも途方もない給料を稼いでいる、と。こうして本物の軍隊をつくるのと同じくらいの速さで、労働者の軍隊がつくられることになった。いたる所に工場の高いレンガの煙突が林立するようになり、大工場が、絹や漆、象牙、陶器といった古来の繊細な手仕事にとってかわった。そしてこの大工場とともに大いなる貧窮がはじまった。東京帝国大学のある教授（高野岩三郎）によると、「西欧式の産業制度の誕生にともなって、労働者に対する形をなさない搾取《さくしゅ》がはじまった。給料は最近になってわずかに上昇しつつあるとはいえ、常時きわめて低く、最低労働時間は十二時間から十四時間で男も女も子供も同じである」。

下層労働者の困窮

農商務省の監督官である斎藤甲子郎は「日本職工論」(フランス語版、一九〇〇年)と題した論文の中で、工場労働者の凄まじい実態を生々しく描写している。夏、工場へ行くと、裸の労働者たちが吹き出物や潰瘍だらけの体で働いている。換気装置が一切ない作業場の中の暑さはセネガルの気温に匹敵する。夜、少年労働者や女性たちが折り重なるようにして寝る部屋は、まるで密閉された箱のようだ。一九〇〇年一月のある夜の光明寺町の工場で起きた火災では、七二%の婦人労働者が寝部屋から逃げだせずに焼け死んだ。忘れてはならないのは工場労働者人口の大部分が婦人と子供であることだ。

大阪では労働者の二〇%が十四歳以下の少年である。マッチや籠やゴザを作る工場では八歳から十歳の小児だけを働かせている。絹の製糸工場ではあらゆる労働が女性の手によっている。彼女たちは三、四〇銭稼ぐために十四時間働くが、これが普通の労働賃金である。工場主は言う、「しかし同時に、寝るところと食事を与えてますから」と。寝るところとは、すでに見たように密閉された穴蔵のような場所である。食事といえば、これは監督官である斎藤に語ってもらおう。「私が訪れた工場の中には、バイ菌を運ぶ緑蠅が食物に真っ黒にたかっている工場がいくつかあった。どこでも食事の量は少なく、ほとんどが一、二種類の野菜しかない。魚がでるのはごく稀《まれ》である。とくに夕食が乏しいので、昼飯の野菜を夕食のために残しておく者もいるほどである。」

一九〇五年の政府統計によれば、成人男子の労働者と戸主の日給は三〇銭から七〇銭である。もっとも多く稼ぐのは石工で七三銭、一番低い額は染物職人の三〇銭である。この金額は生活が全般的に貧しく安価であった昔なら十分だったかもしれないが、現在ではとても足りない。それでもなんとか誰もが稼げるというのならいい。しかし日本では失業者が不気味に増えつづけており、以前はほとんど知られていなかった乞食の階層が形成されつつある。

地域によっては、浮浪者が群がり集まって、奇形や老醜や腐敗といったものが溢れかえっている場所があり、なんとも信じがたい驚くべき情景がくり広げられている。デュモールは言う。「日本の社会組織の一番の欠陥は、救済と連帯の組織がないことである。」社会学者たちは統計によって、日本の五〇〇の病院のうち三六〇あまりが個人経営で、一〇〇が自治体に属し、国立病院はわずかしかないということを知るわけだが、それは単なるわれわれのような旅行者でさえ街頭ですぐに気づくことである。手さぐりで歩く盲人の数は信じられないほど多いし、さらにもっと信じがたいのは、皮膚病にかかっている人の多さである。内務省の資料によれば日本には三万人近い数のハンセン氏病患者がいるという。

この数字は実に膨大なものではないか。そのうえ驚いたことには、別の政府資料によれば遺伝や感染のために同様の病気にかかりやすい状態の者が九九万九千人もいるというのだ。この数字にはもちろん、潰瘍だらけの無数の乞食たちが含まれているに違いない。彼らの潰瘍を見ると、昔の風刺漫画家たちが描いた悪魔的な版画を見たときのようにゾッとさせられるが、実際には気の毒にもなるし、他のどこの国の病んだ乞食よりも深く心を動かされる。というのも、ここではあきらかに慈悲の心がふくらむからだ。どんなに厭《いと》わしく卑しい乞食でも、そのまとっているぼろの間から、ある種の諦《あきら》めに似た穏やかさやかすかな憂愁、気品のある威厳のようなものを垣間見せている。それがこちらの心に仏教の慈悲の息吹をもたらすのだ。彼らが人目にたつ場所や日の当たる場所を避け、暗い場所に身を隠し、夜の行動を好むことは、貧しさを恥としている証拠のひとつである。

現に、浅草寺の近く、人々で賑わう市《いち》のあたりは、夜になると多少とも恥を知る物乞いたちが悲哀にみちた姿をあらわす場所である。膿《うみ》の出る手で三味線の糸を掻き鳴らしている者がいるかと思えば、むこうの方では歯のない口で迷信深い娘に占いを述べている者や、やせ衰えた顔に道化たお面を被って人々を笑わせる者がおり、さらにそのむこうにはこのような施《ほどこ》しをえるための表現をもたない乞食たちが、慎ましげな丁寧さで人々に喜捨を乞うている。

私は、この乞食たちの夜の市を何時間か見てまわった。忘れることのできない情景だった。かつてペテルブルグのかの恐ろしいシタフキネで見た顔々。黴《かび》臭い皮の切れ端を灯芯の油で揚げていたタタール人の乞食。アデンの市場でナツメヤシの房の実を夢中で見つめていたアラブ人の顔。上海の貧民窟でネズミの煮込みを前にした中国人のおどけた顔。私は、かつて不快な現実の日々の中で見たこれらすべての顔を、ふたたび日本の食べ物屋の屋台の中で見いだしたのだ。それはなんと悲しくグロテスクで悲喜劇的かつ現実離れした顔であり、苦痛と無力感と諦めと獣性を秘めた不吉な顔だったろう。腐臭で息もできないような空気の中で、人間の塊が蛆《うじ》のようにうごめいている。不潔な煮物、暗紫色を呈した犬の肉片、魚のくず、黄色い詰め物などが、われわれ単に好奇心で見ている者の目に嫌悪感を催させる。

しかしもっと忌まわしく、もっと汚らわしく、もっと吐き気を催させるのは、彼ら貧しい人々がそれをむさぼるような眼差しでじっと見つめていることだ。これが餓《かつ》えるということなのだ。凄まじくも残忍な飢餓。無慈悲な飢えの笞《むち》に打ちのめされた人々が、やつれ果てた顔で腕をぶるぶる震わせながら屋台から屋台へと移って行く。何もかもが彼らを魅きつける。醱酵《はっこう》臭が彼らの食欲を刺激する。すると自分が何を選ぶのか定かにわかりもせずに手が伸び、垢《あか》にまみれた銅銭と引きかえに、日々の食物を受けとることになる。しかし誰の手の中にも小銭があるわけではない。この汚らしいものを食べている不幸な人々の傍らに、それさえも許されない、何も持たず押し黙り、苦しみ、絶望しているもっと不幸な者がどれほどいることか。あの光景を思い出すだけで、私は胸の潰れる思いがする。

鴨長明と滝沢馬琴

日本文学の中には、飢餓と貧困から着想をえた傑作が二つある。なかでも見事な作品は、ヨーロッパの識者たちが「黄色人種のダンテの地獄」と呼んでいるもので、作者は鴨長明、話は十一世紀の大厄災である。序章で作者は、一一八一年から翌年にかけて不明の原因により田に稲が実らなかったと述べてから、驚嘆すべき素朴さで話をはじめている。

「国中の人々が町を捨てて山へ逃れた。ありとあらゆる祈願がなされ、普段は行なわれたことのない数々の勤行祈禱がとり行なわれた。しかし何の役にも立たなかった。稲の凶作の余波をうけた都の人々は困窮し、値のある持ちものは何でも売ろうとした。が、買い手は黄金には目もくれず、米を求めた。施しを求める乞食が町や通りにあふれた。この年はこのような悲惨さと大いなる困苦の中で暮れた。」話はつづく。「年が明けると新たな希望が生まれた。ところが人々の不幸に輪をかけるように、このおそるべき荒廃の絵巻の最後の部分になって悪疫が流《は》行《や》りだした。」しかし、この大災厄でもっとも恐ろしいものは疫病ではなかった。疫病は飢餓ほど怖くはない。誰もが罹《か》かるわけではないからだ。ところが飢餓は違う。飽くことを知らぬ強欲な飢えが、生ける者すべての上に容赦なく襲いかかる。誰もが極端に飢えた、と長明は述べている。時がたつにつれ、かなり裕福な者たちまでが戸口から戸口へと物乞いをするほど状況は絶望的になっていった。行き倒れになる人が通りに見られるようになった。死体が国中にあふれた。空気は腐臭に満ち、息もできないほどになり、花は毒気にあたって萎《しぼ》んでしまった。人々の集まる広場はどこも汚物の山で歩けないほどだった。

鴨長明はこうつけ加えている。「往来は通れなくなった。樵《きこり》はひもじさのために働けなくなった。薪《まき》が高騰した。金のない人々は自分の住まいを打ち壊して木材を売った。こうして薪代わりになったものの燃えかすの中に、ときに金や銀の装飾のかけらが残っていることがあった。この奇妙な燃料の出所を知ろうとすれば、たちどころに、飢えた人々が寺社の礼拝具や仏像を盗みだし壊して売り払ったのだとわかったであろう。私は不幸にもこの罪つくりな邪悪な世に生まれたので、かほどにまで荒廃した光景をわが目で見ることになってしまった。」世を覆い尽くすこれほどの悲劇の中にあっても、詩人は意味深い挿話を見逃さない。彼はどんな小さなことにも無関心ではいられないのだ。ここに恋人たちがいる、と作者は言う。「一人の女と一人の男が深く愛しあうとき、より情熱的な方が最初に、自分の持っているものや人に恵んでもらったものを、なにもかも愛する者に残して死んでいくのが常であった。」過酷な苦しみの中でさえ、自己犠牲の聖なるバラの花は咲く。親たちは、当然なことのように子供たちのために死ぬ。母親の死んだことも知らずに赤子が乳を吸っていることもあった。仁和寺のある僧は、死者の数の多いことを悲しみ、もし道で死人を見つけたら、その額に〈生が終わり、苦しみが終わった〉という意味の梵字の最初の文字（阿字《あ》）を慈悲の心をこめて書くよう、人々に奨励した。

長明が記した死者の数字は驚異的なものである。当時まだ比較的人口の少ない町であった京都だけで、一か月に五万人近くが死んだ。彼は終りにこう言っている。「この数字には、その前後に死んだ人たちも加えなければならない。かつ都のはずれで死んだ者も含めれば数え切れない数になるだろう。地方では、そう遠くない時代、崇徳帝の御世の長承年間（一一三二～一一三五年）に、われわれを疲弊させたと同じような飢餓の時代があったと聞くが、詳しいことはわからない。ここに記したことは、人間が想像しうるもっとも悲惨な状況であり、私はその目撃者だった。」

困窮に想をえたもう一つの作品は滝沢馬琴のもので、十八世紀の飢饉の話である。一七八六年、旱魃《かんばつ》のためほとんどの地方で稲の収穫がまったくなかった。江戸では米業者が買い占めをしているという不吉な噂が飛び交った。民衆が幕府の米倉の開放を願い出たが、役人は米倉の中には何もないと言いわたさざるをえなかった。この知らせが大混乱を引き起こした。連日、人々が米屋の前に押しかけ、枡一杯ずつの米しか売られないという状態になった。数日すると、食べ物といえばある種の海草しかなくなってしまった。六月二十日の夜になると、群衆が麴町《こうじまち》のある米屋を襲撃した。これが打ち壊しと騒動の始まりとなった。

二十一日から二十三日にかけて暴動は江戸の全域に波及した。何百人もの人々が行く先々で略奪をはじめたのである。このとき、馬琴がその著名な作品に書き残した数々の出来事はきわめて正確なもので、ラメズリエールは自分の著作の中に逸話として引用し、次のように述べている。「信ずるに足る証言によると、ある村では五〇〇戸のうち、人がいるのは三〇戸だけで、残りの住民は皆死んでしまった。一匹の犬に八〇〇銭もの値がつき、ネズミ一匹が五〇銭以上した。人々は死人を食べ、肉を腐敗しないように貯蔵していた。」物語は、ある一人の男の話を伝えている。彼は妻と長男を亡くしていたが、男児がもう一人いた。彼は子供を隣人に渡してこう言った。「どうせこの子も死んでしまうのだから、わしらで殺して喰おうではないか。わしは父親ゆえとても殺す勇気がないが、お前が殺してくれたら二人で分けられるというもんだ。」隣人はこの酷《むご》たらしい仕事を引き受け、子供を殺した。ところが子供が死ぬとすぐ、今度は父親が一太刀で隣人の首を斬り落としてしまった。それも復讐のためではなく、子供の死体を独り占めするためだった。中世の歴史でこれほど凄惨な話が他にあるだろうか。

悲観的な人々は言う、「現在の飢饉が広がり、まだ長くつづくようだと、もっと恐ろしいことになるのではないか」と。しかし、そんな忌まわしい予想は感情面でも理性面でもとても受け入れられるものではない。とんでもないことだ。現代の飢饉は長くはつづかないし、ましてや、かつて満州の野にバラと歌の中で堂々と死んでいった英雄たちが、この残酷かつ醜悪でおぞましい災厄の犠牲者になることを、世界はもう許しはしないだろう。

貧しさと惨めさ

日本人によれば東京や京都、大阪など、日本帝国のあらゆる大都市に存在する現代の貧困は、ヨーロッパの影響を受けたことによる避けがたい結果だという。「昔はみな貧しかったが、惨めではなかった」と。事実、昔の旅人が描いた日本人の生活の様子は楽園のようである。十九世紀のある世界漫遊旅行者はこう記している。「裕福な商人でも貧しい労働者と同じ食事をしている。本来の意味での贅沢は存在せず、隣人より不幸だと思っている者は一人もいない。無能者でないかぎり、誰でも生きるに必要な分は稼ぐ。そしてこの、生きるに必要な分だけというのが、この国では誰もが望むただひとつのことなのである。」

この桃源郷は、すでに記憶の中にしかない。地方ではしばしば農民が窮乏を訴え、飢餓の救済を求めているし、町では産業化の進むにつれて物価が上がり、食べられない人の数が日ごとに増大している。かつては身分の高かった役人でさえ今では恥ずべき無産階級者であり、彼らは収入の大半を近代生活の体面を保つために使うので、安価な食物を乞食のように夜の市場に求めることもある。デュモラールは言う。「国の現今の経済状態が、すべての社会階層に直接的な影響を及ぼしている。というのも、何世紀にもわたって住民が中くらいの生活を楽しんできた社会に、突然、不公平な階層を形成してしまったからだ。」事実、大地主が数多くいるし、高利貸は今では銀行家と称し、相場師の数も多い。そして金持ちと同時に貧乏人が出現した。かくして、日本のもっとも由々しい問題は貧困問題であると誰もが言うような状況になってしまった。この黒い波は年ごとに高まっている。工場で働くために田畑を捨てた人々が、貧しい労働者となって大都市にあふれている。東京などの都会では失業者が何十万人もいる。社会主義思想が資本家を脅かし、産業の発展を止め、工場の自然の増加を阻《はば》んでいる。大戦争から戻ってきた農民兵士たちは首都に残りたがる。変化の多い戦場での生活が、彼らに田舎の生活習慣を忘れさせたのだ。アルコールの消費量はすさまじい勢いで増大し、そこから莫大な収入をえている政府をさえ脅かすようになった。

目に見えない変化が、人々の意識を変えることなく経済生活を変えていく。日本人が実際にヨーロッパから模倣した唯一のものは、科学的殺戮法と飢餓の起こし方である。ベルソール教授は東京でこう記している。「西欧的な生存のための戦法が、古くから天空にかかる仏教の最後の雲を霧散させていくにつれ、貧困の真っ黒な上げ潮が音もなく寄せてきていることを、東京の外から見る者がいない。」その通りである、誰も遠くから見る者がいないのだ。何のためにそんなことをする必要があろうか。アルバムの写真で、青い湾を行く戦艦の眩いばかりの航行を見たり、昔の侍たちの偉業を歌った詩歌を読んでいる方が、よっぽど楽しいではないか……。

13 名誉の規範

武士道とは

「武士道はですね」と私の日本の友人は声を張り上げた。「神秘的な教義でも、悟りを開いた人の宗教でもありません。いわば民族の騎士道的感性であり、高雅なヒロイズムの範とでもいうようなものです。このことに関しては山岡（鉄舟）の書を読めばもっとよく日本人の本当の心を知ることができるのですが、外国の方はきっと彼の名前さえご存じないでしょう。山岡はわれわれにとっては、民族精神の聖典を書き記した使徒か、あるいは牧師のような人物で、その生き様と死についてはもう伝説ができているほどなのです。彼は立ったまま死に、遺体は倒れなかったと言いますし、死後もその目が数日間、生きているときの輝きを失わなかったとも言われております。しかしそんなことはどうでもよいことで、大事なのは彼の講演集なのです。よろしかったら送って差し上げましょうか。」「日本語でですか」と私は彼に訊いた。「いいえ、フランス人の宣教師が訳した手書きの草稿を持っていますから、それをあなたにお届けしましょう。」

夕刻ホテルに戻ると、ボーイが『武士道に関する山岡の講演』と題する分厚い紙の束を渡してくれた。

令名高き山岡はこの講演集の初めの部分で、武士道のいわば神学的側面を漠然とした言葉で説明している。彼の解釈によれば、日本の武士道精神の形成には仏教の教えが大きく貢献した。彼は、「武士道には宗教的な核がある」と述べ、さらに仏教の教義には人の知っておかねばならない真の倫理が完璧な形で含まれていると解説している。それでは人のなさねばならぬこととは何かというと、目上の者に対する忠誠、孝行、仁、正義、礼節、分別、信仰、節度、武勇、名誉、力強さ、純粋さ、慈悲、夫婦愛、謙譲である。これらの徳目のすべてを全うする者が、本物の武士の正道を歩むのである。言いかえれば、これらの教えはすべてひとつの公式に要約できる。すなわち人間は生まれたその瞬間から一つの掟によって規定されているということである。個人は誰でも、その社会的身分の高低にかかわらず、武士道という倫理の法を知る努力をしなければならないということだ。

四つの大恩

山岡は武士道の原点を知るには仏教の基礎原理にまで遡《さかのぼ》らなければならないと言う。「それは偶発的存在の非人格性（無我）にいたることであり、その修行に打ちこみ、悟りを開くこ

山岡鉄舟
(『新版武士道』大東出版社，1997年より)

とである。この瞬間から錯覚と過誤の雲は姿を消し、真実は太陽と月のごとく輝き、没我の境地の真の意味が理解されるだろう。そして一旦この境地にいたった者は、義務の遂行や四つの大恩の認識に迷うことがない。」これが武士道の出発点である。

つまり没我・滅私の教えである。というより、むしろわれわれがよってたつべき四大素因つまり仏教用語で四大恩と呼ばれるもの、すなわち両親から受けた恩、社会あるいはすべての生き物から受けた恩、主人から受けた恩、「三宝」から受けた恩、それら四つの大恩への敬意をこめた「私」の絶対的な依存の教えである。つづく四つの章でこれら四大恩の詳しい解説がなされている。第一章では、すべての徳の源泉は両親への愛であると述べている。これはキリスト教における父母への尊敬にあたる。第二章は生けるものすべてから受けた恩と題され、社会的結束に関する彼の考えを説明し、男性はすべて我らが父、女性はすべて我らが母のごとくであると確言している。第三章では君主の愛について述べており、こう結んでいる。「畏《おそ》れ多いことであるが、あえてわが天皇家のことに触れてみる。天皇の聖なる祖先ははるかなる神々の時代に、わが国をなす全部族を創りだし給うとともに、国民の信仰を創設された。天皇家の祖先は我らが宗教上の祖先であるから、天皇への忠誠は親への忠誠に異ならない。われわれは神聖かつ永遠なる神のお告げを信じている。昔も今もそしてこれからも、つねにわれわれすべてのものの心を結ぶ願いは、天皇の御心を欣《よろこ》ばせ奉り、天皇にお仕えすることである。これがわれわれをして一国をなさせている永久の原理の核である。これが日本の武士道の源泉であり、わが国民を導く羅針盤である。」

第四章は〈三宝〉と題されており、神道の神々と仏を一緒に信仰している侍たちの宗教について解説している。われわれはここでもしばらく足をとめて、彼の次のような言葉に耳を傾ける必要がある。「すべての生物は完全なる能力を与えられているが、錯覚と闇すなわち、無明（ノモス）の中に埋もれて〈三宝〉の掟に直接触れることができない。仏や菩薩、神道の神々、果ては八百万の神々は皆、この掟を理解しており、われわれにそれを知らすべくあらゆる方法を用いてきた。このために彼らは実に多様な形をとり、あらゆる種類の教えを垂れ、われわれを三毒つまり貪欲、怒り、および肉欲そして五つの強欲から逃れられるようにしてくれている。同様に、これら〈三宝〉は没我や四つの徳すなわち忠・孝・仁・義の教えを明らかにした。われわれのある者は神道の神々を拝し、ある者は仏陀を崇めているが、実はこれらさまざまな名称はたった一つの同じことを指している。神の信仰と仏陀信仰はまったく同じものなのである。

このことは、われわれ貧しく賤しい者たちが一体どれほど長い年月の間、すべての神々と仏から溢れるばかりの恩と慈悲を授かってきたかに思いを致せば自明のことである。」

ここで訳原稿は神学的な箇所を終わり、次に武士道精神の歴史に話が移っている。この部分は次のような言葉ではじまる。「天地を統《す》べる自然の法をありがたく学び、その法の光に照らしてわが国の歴史を見渡すならば、日本が聖なる国であり、その成り立ちが世界に比類なきものであるということに気づくであろう。天皇家の祖先が後代に指図を下され、永遠の王朝を築かれたのが始まりである。このときより、何百万という人間の完全なる親和を保つ姿が世界に示されることとなったのである」

これにつづくページにも誇りと熱気がこもっている。武士は、日本民族の徳やうるわしい大地や偉大な君主を熱狂的に賛美する。侍たちは千年のはるか昔から、忠誠と名誉にかかわる神話のなかに己が原点を見いだしてきた。国造りにあたり、天児屋根命《あめのこやねのみこと》とその戦士たちが、彼らの聖なる出自にもかかわらず、国の長に礼を尽くす場面がある。この行為こそ武士道の原則をなすものではないか。

山岡によれば然《しか》りであり、彼は声を大にしてこう述べる。「天と地がそれぞれに分かれる前、すでに武士道の萌芽があった。だからこそ武士道を日本人の徳の道と呼べるのである。時代が下って武士と呼ばれる階層が形成されるにいたったのは、彼らが範となるような行為や偉業をなし、大いなる光彩を放ったからである。わが聖なる国土は何世紀もの間、いかなる外敵にも侵されることなく、また天が打ち立てた原初の王朝を覆《くつがえ》そうとする者もあらわれなかった。これより素晴らしい国の成り立ちは、他に探そうとしても無駄であろう。神のお告げに敬虔に従う民衆の信仰深さと、天皇の臣民すべてが心から団結している見事さが、そのよい証拠である。わが民族の起源は天の広大なる正義に支えられ、かつこの上なく誠実なる愛が社会階層の上から下までみなぎりわたっている。この幸せを例えるならば、百合の花咲く野に春風がそよぎわたるようである。他の民族のモラルがいかに我らの後方に止まりおるか、その距離は計りがたいものがある。」

しかし山岡は、国家の偉業をなしとげた社会各階層のどれもが称賛にあたいすると考えているわけではない。文民階層は停滞した生活の中でやがて腐敗してゆき、名誉と威信の獲得しか考えなくなった。しかし、侍すなわち軍人である武士階層はそうではなかった。彼らはずっと古い時代から、活力には情愛をこめること、真実には力を与えること、真摯な率直さと気どらない誇りとを持ち、正義を行なうに慈愛をもってすることを知っていたからである。これは一部は民族性によるものであるが、他の部分は仏教と神道および儒教からの宗教的な影響によるものである。

訳原稿の中で山岡はこう言う。「この三つの宗教は、五つの大きな徳、すなわち忠義・孝行・正義・名誉・勇気を発揚している。これらは言ってみれば国民本来の気質であるが、とりわけ仏教がその進展のための強力な後ろ楯となった。これらの宗教がなしとげた事例は枚挙にいとまがない。ここで我らの天皇方がいかに宗教を司られたかを述べるのは不謹慎であると思われるので、摂政・聖徳太子が制定され、推古女帝が六〇〇年頃に発布された憲法の条文の一つをあげるに止めよう。この条文はまず、何にもまして尊ぶべきは三宝すなわち仏・法・僧であると述べている。これは四つの徳の究極の目的であり、あらゆる民族の最良の宗教はこのようなものである。法を尊重しない人間はいつの世でも悪の中に住む。しかし、いかに宗教を実践しても、もし三宝を拠り所としていなければ、その欠点を正しようがないではないか。われわれこの国に暮らす者は、どうしてこれら賢明な教えに従わずにいられようか。」

さらに春日明神のお告げをつけ加え、「戒律（十戒）には十個の善があるが、神道には〈宗教〉そのものがある。また、われわれが聖人として崇め英雄として讃える弘法大師や日蓮、法然、親鸞など仏教各宗派のあまたの光輝ある開祖たちは、我らの両親であり兄弟である。これら賢人や師たちは、三つの宗教に含まれている真実を総括し、民衆の倫理教育のためになる規範を作り上げた。そして後に仏となって、われわれの手本となった。この手本のおかげで、衆生救済の事業がなしとげられ、他の教えを必要とせずに、忠誠や英雄的な行為、礼節そして義の精神の開花を見たのである。」

力と忠誠と礼節

山岡は、侍に必要なものは宗教的な法と良心の規範のみであったとしているが、七世紀の初め頃、すでに孝徳天皇が、武士の放縦な生活を禁じるために軍人規律の制定が必要であると考えていた。また孝徳帝よりずっと後世の頼朝は、それまでの素朴な規律だけでは不十分であることに気づいていたはずである。それは山岡が次のように述べていることからも明らかである。「美と快楽は人間を魅了するものであり、教育を受けた人間はそれらを追い求めるものだ。しかし私は、美も快楽もある種の武士の精神にとって頽廃《たいはい》の原因となるのではないかと恐れるものである。よって侍は平和な時代には質素な暮らしをし、武術の修練に専念すべきであるというのが私の意見である。」

頼朝は力と忠誠および礼節の規範をあらゆる機会を利用し例をあげて示した。一二三二年、侍の心得を記した一種の法規である貞永式目が制定された。山岡によれば、かの時代を真に代表する書であるこの法典には四つの基本的な徳、すなわち忠・孝・仁・義があげられている。その目的とするところは質素、倹約、尚武の教えであるが、究極は仏陀と皇国の神々への信仰を通じて宗教的感情を養うことである。

侍の精神の中に、祖国と社会という観念が確立したのはこの教えのおかげである。国の運命は武士の手中にあるというのが当時の考え方であったので、災難が皇国を脅かすときは決まって彼らに助けが求められた。蒙古軍が侵攻してきたときも、たった一度の戦さで敵の軍勢を打ち破ってしまった。それというのも、救国のためとあれば侍が自分たちの命など羽毛ほどにも考えなかったからである。彼らが知っている唯一の法は勝利か死である。侍がただひとつ恐れるのは後世に汚名を残すことである。そして唯一の栄光は国への奉仕である。祖国にほんのわずかでも不名誉なことが降りかかる恐れがあろうものなら、彼らはいつでも自己の尊厳の砦である祖国を守るために、命を投げ出す用意があったのだ。

山岡は以上のような説明をした後、己の神学的興趣に逸脱することなく、いよいよ武士道の歴史の中でももっとも興味深い部分へと話を進める。それは十六世紀の群雄割拠時代に発し、約五十年前の王政復古にまでつづいた動乱の時代である。ここでは、私自身は話をできるかぎり要約することに努め、語るのは山岡自身の口を借りるのがよいと思う。

「十四世紀の北朝・南朝と呼ばれた皇室の二派の拮抗と、それにつづく七十年間の分裂は、武士に新たな忠義と忠誠を世に示す機会を与えた。このとき、正統な天皇に完璧な忠誠を尽くした人物、楠木正成と新田義貞の名は歴史にながく生きつづけるであろう。この忠義な二人の武士を導いていたのは正義と名誉を重んずる心だけであり、彼らの行動には他にいかなる動機もなかった。どのような障害も彼らの行く手を阻《はば》むことはなかった。彼らは義務のためには、つねに個人の利害を犠牲にした。武士は、正義を守るためならば破滅も恐れなかったし、不正にえた名誉や富は卑しむべきものと考えていた。かの時代の教育には実に素晴らしいものがあった。源氏以降、理想が高くなり、完璧な侍になるためには、洗練された教育が必要であると考えられるようになった。」

「北条と足利の時代になると、弓術と馬術の各流派が栄えたが、なかでも特に有名なのは小笠原流であった。次の言葉もその時代に生まれたものである。〈花は桜木、人は武士〉――花で素晴らしいのは桜であり、完全かつ理想的な人間は武士である――。人間の行為は応報の法則に従ってかならず反響をともなうものであるが、その結果は良きにつけ悪しきにつけ運命的である。応仁の乱（一四六七～一四七七年）はその明らかな例である。武士が正道を忘れ脇道に迷ったため、国が内戦の犠牲となったのだ。敵対関係にあった細川、山名両家の頑迷と驕《おご》りが、この祖国という名の偉大なる家族を混乱に陥れた。俚言にいう〈この世は有為転変の玩具なり〉と。もう一つ引用すべき格言は〈まことの士の道を行なえば国おさまり、道を外れれば国破れる〉。三つめの箴言には〈国乱れて忠臣あらわれ、家貧しうして孝子出る〉という。たしかに内乱のおかげで侍がより経験を積み、その社会的地位の上がることは否定できない。しかし〈道〉は不朽である。」

「それ故にこそ、侍を打ち負かす敵はおらず、何者もその規範から逃れることはできない。ついに秀吉のような英雄が登場し、その勇猛さをもって地平を覆い尽くす雲を吹き散らし、皇国の空にふたたび平和がよみがえった。最後に残った雲のかけらもその後の一陣の軽やかな風に吹き飛ばされ、太陽や月が曇りなく輝きわたるようになったのである。」

「そして民衆が東照宮と呼ぶ徳川家康があらわれた。この東国に君臨する君子にして聖人、賢者にして活仏である家康（一五四二～一六一六年）はまことに比類なき人物であった。政治家としても、教育者としても、また信仰者としても欠けるところがなかった。つねに世の中の正道を示す規範に従っていたためである。将軍となったのも、彼が完璧な形で武士道を実践したからに他ならない。家康はもともと三河の領主であり、その石高は低かったが、武士は貧困に惑ったりはしない。家康は貧しさ故ではなかったが、偽りの多い険しい道を歩んだ。しかし彼の心が恐怖で歪むことはなかった。いずれにせよ、日本の武士は正道をいくことで名誉を得るのであり、家康はそのよい例である。彼は部下の将たちに三つの結合宗教すなわち神道・儒教・仏教を熱心に教えた。つねに自分のいく道を法に一致させ、自身が侍たちに勧める徳の第一の鑑《かがみ》となるとともに、たえず忠・孝・義・勇・誉の徳の実践を奨励した。将軍となってからも、いつも同じ原則に従っていた。そして勤勉と倹約の徳を学問的かつ道徳的な教育に結びつけたのである。一言でいえば、家康は学問と文芸から侍の魂をとり出したといえる。このため、家康はもっとも完成度が高く、もっとも美しい徳のすべてを合わせもつ真に完璧なる日本人であるとされている。これらの徳性は彼の子孫にも受け継がれたので、家康から最後の将軍・慶喜にいたるまで武士道の素晴らしい歴史がつづいたと言える。」

「われわれはついに王政復古（一八六七年）の重要なる時代に到達した。王政復古の実現は、突然行なわれたものではなく、悠久の大義によりその道が敷かれていたものであることを、しかと認識しないと大きな間違いを犯すこととなる。この大事業の主因を一言で述べるとすれば、武士道によったものといえば足りるであろう。しかし、それだけでは私の考えを説明するに十分ではないので、いくぶん細部に立ち入って述べようと思う。」

日本的自覚

「あらゆる権力が武士階級の手中にあり、彼らが民衆の信頼をえていた時代、権力だけを目にした愚か者たちは、天皇の権威の存在を失念していた。たしかに当時の皇室の威信はかなり弱体化していたと言わざるをえないが、それでも北条や足利の時代や、秀吉が王政復古を考えていた時代ほどに低下してはいなかった。しかし徳川家が将軍の位につくや、皇室に対する尊崇の念はあらためて強化されたのである。家康の孫の光圀《みつくに》（一六二八～一七〇〇年）は、日本の国史である『大日本史』の編纂を命じ、その中で天皇への崇拝の念を明らかにしている。この史書では楠木正成（十四世紀）の業績が称揚されており、一六九二年に光圀は湊川《みなとがわ》の畔《ほとり》に正成の碑を建立し、天皇への忠誠の偉大なる見本の一つとして後世に残した。」「この正成の碑が川石の間に埋もれているのを発見したのは貝原益軒で、彼はそこに残された幾多の徳を想起し、涙を禁じえなかったという。その頃の学者や武士は王政復古に思いを致しており、薩摩の島津を筆頭とする大名たちも動きはじめていた。日本の港に突然外国船が入るや、国中に歴然とした不和の兆候が見られるようになった。心ある士は誰も警戒の色を強めた。」

「この重大事を前にして誰が黙って腕をこまねいていられようか。わが列島は敵に侵されるという恥辱を受けようとしているではないか。世界に例のない歴史をもつこの国、東の海に誇り高く屹立するこの国が外国の犠牲になってよいものか。だが、心配することはなかった。日本には武士がいたからだ。」

「武士道のなんと素晴らしいことか。この果敢なる士たちが非常の危機を目前にして行なった諸々の事。彼らの使命はきわめて困難なものだったので、そのとった方法は一般大衆の目には狂気と勇猛の区別がつかないほどであった。」

この章についてはここで終りにし、山岡の歴史的な講演集の次の、さらに興味深いページへ訳を進めよう。彼は、現代の日本、というより主に軍隊がヨーロッパの様式をとり入れはじめた二十年前の日本についてこう述べている。

「その後、武士道は科学の進んでいるヨーロッパの国々と接触をもつにいたった。この接触のせいで、武士道はその観点から見ていくぶん脆弱化したと思われる。これは、あまたの商売や職業が日々隆盛を見るようになってきたためであろうか。明らかにそのせいもあるが、私は原因は他にあると考える。たとえば、百獣の王ライオンを見るがよい。ライオンに敵《かな》うものはないのだが、俗に獅子身中の虫といわれるように、その身中に棲む一匹の虫が猛き獣を殺す。わが日本についても同じことがいえよう。日本は外国の科学をとり入れるため、外国との交渉をはじめたばかりであるが、良きも悪きも、適すも適さぬも、何もかも見境いなくわれわれの中に流れこませている。これはわれわれの身中に毒虫を入れるのと同じことである。自分にもっともふさわしいものを選ぶ術を知らないのだ。われわれが消化できるもの、われわれをよりよく養ってくれるものはこれをとり入れよう、しかし日本国民の体質に合わないものは、それがわが海域に姿をあらわす前に急ぎ撃退せねばならない。」

「このことについては我らが祖先が最初の手本を示してくれている。儒教の導入時に、日本に起こったことを思い起こしてもらいたい。当時、日本人は儒教の諸教義からわが国民性に合ったもの、日本人の精神を養うのに役立つものを選び出し、それらを適合させ、わが物として大いに活《い》かしたのである。今日、われわれはそれと同じ洞察力を必要としている。ただ口で言うだけではなく、よく観察し、注意を怠らないようにしようではないか。厳しく目を光らせていなくてはならない。このような警戒心をもつに至っていない者は、憎むべき利己主義の最後の火花がまだ身中に残っている者であろう。拝外の手合い、つまり外国を崇拝する者たちが、日本の宗教や道徳を改める必要があるとか、ヨーロッパ人の真似をすべきであるとか、日本の慣習は良識に反しており、日本人ほど野蛮な人間はおらず、日本のものは何でもヨーロッパのモラルに衝突するなどと言っているが、彼らの考えは馬鹿げており、ただ国を騒がすだけのものとしか思えない。事実、宗教でも教育でも、ある個人に合っても他の者には合わない部分があるものである。感情や習慣は、どこでも同じというわけにはいかない。いかにしても合うことのない慣習を無分別に取りこもうとするのは、木に竹を継ごうとするのと同じではないか。父祖の国を忘れ、我らが天の神々を蔑《ないがし》ろにする軽輩は祖国の裏切り者にことならない。」

「ヨーロッパ人はこの世のことだけに心を砕き、自分の誕生日を祝うことまでする。一方、日本人が崇めるのはこの世でもあの世でも変わらぬものである。だからこそ、この世では子供たちがわれわれの老後の支えとなり、われわれが死ねば葬式を出してくれるし、親孝行の義務を忘れることはけっしてない。日本人が子孫を絶やさず存続することを切に望むのはこのためである。その反対に、外国人はといえば、家族に災難が襲いかかると、親は子を忘れ、子は親兄弟の身を考えない。彼らにとってまず助けねばならないのは妻なのである。日本人なら自分の命を省みることなく何よりも先に両親の命を救うであろう。」

「このことからも両者のモラルがいかに異なるか、誰の目にも明らかである。しかし私の論説は複雑になりすぎたと思う。要するに私の言いたいことは、武士道が四つの大恩への感謝の法にもとづいているということである。われわれはこの衷心からの感謝の念を確固たる誠実さをもって示さねばならず、いかなる場合にも忠誠の名のもとに献身せねばならない。こうすれば、どんな敵があらわれようとも日本はこれに抗することができるのである。それが武士道であり、日本民族の偉大なる徳の道なのである。」

日本人がその感性上の聖書のように考えている山岡の武士道に関する講演集はこうして終わっている。山岡は、彼の祖国日本が大戦争（日清・日露戦争）で世界の注目を浴びる前の一八八八年に没した。もしあと二十年生き長らえていたら、近代初期に彼が指摘した武士の精神の脆弱化が、彼の思い過ごしにすぎなかったことを知ったであろう。ヨーロッパの服を身にまとった新時代の将校たちは、漆と黄金にかがやく鎧《よろい》をつけた伝説中の人物たちほど立派には見えないが、変わったのは表面だけである。現代の侍たちはその内側において、頼朝や秀吉に肩を並べることを知っていたのである。

14 笑い

笑う神々

日本の生活にいくらか馴染《なじ》んでくると、外国人はこう言いあう。「こんなに儀式ばって節度と自制がきいていて、作法だらけで、これほど優しげな微笑み方をする国民は、侮辱的な言葉や汚い言葉を知らないのと同じように、大笑いすることも知らないに違いない。」ところがその後、もっと民衆の生活の内側にまで入れるようになると、反対にこんなにも愉快な、こんなにもアリストファネス（ギリシアの喜劇作家・風刺詩人）的な笑いをもっている人々がこの世にいるかと思うようになる。寄席で、茶屋で、あるいは講釈師が熱演する演壇で、はては芝居小屋で、ようするに大衆が楽しみを求めて集まるあらゆる場所で、大笑いが渦《うず》をまいているからだ。このことは上野の博物館の陳列棚に飾られている面のコレクションを見てもすぐにわかる。

仏陀風の謎めいた無表情で重々しい僧侶の面と、顔面を引きつらせ、にらめつけ、逆毛立った猛々しい侍の面の間に、滑稽な顔つきの面がいくつもあるのだ。そのおどけた表情たるや、グロテスクさが超弩級《ちょうどきゅう》にまで達している。尖った鼻面にねずみのような歯並びと長い口髭がついた面。あるかなきかの鼻にちぢれた顎髭《あごひげ》をつけた丸い猫顔の面。猛獣のような巨大な顎をした面は死の茶番劇を嘲笑する面だ。架空の鳥の 嘴《くちばし》 を伸ばしたような鼻がついている長い顔の面。肉付きのよいふくらんだ頬の面、途方もなく大きな前歯の面、眼窩から飛び出した目と太い鼻の面、角が生えた額と犬のような耳の面、猿を思わせる頭髪の面。そして熊の顔から獰猛《どうもう》さをとったような毛むくじゃらな顔は「外道」の面である。もうひとつ、「瘦女」の男友達である「小尉」の面は、平たくつぶれて、紙で作った月のように見える。そのむこうにある面は「ヒョットコ」の面は目を剝《む》きだし、突拍子もない口をしている。三番目の「山の神」で、角を生やし口髭がついている。その次のは、泣き笑いの表情をした「鷲鼻」の面で、歯はおそろしく長く、鼻はへら型である。最後の面は「尉」で、馬の尾より長い口髭と山の亀裂よりも深い皺《しわ》が刻まれている。これらの面はどれも民衆が空想の中で作り上げた醜悪または滑稽なしは悪魔的、あるいは単に愉快な人物を表現している。イタリア演劇の道化プルチネッラやアルレッキーノのようなものである。

私は博物館のショーケースに収められたこれらの面を、その意味するところをはっきりと知ることもなく眺めているうちに、まだ自分の知らない日本に誘いこまれるような感覚を何度か味わった。そこでは、あらゆるものが笑いであり、すべてが狂気とお祭り騒ぎである。ちょうど私の手許《てもと》に一枚の北斎の戯画がある。画の中で大勢の裸の若者たちが踊り、手振り身振りをし、跳びはねたり身をくねらせたり、関節が外れそうなほどに動きまわっている。彼らはまるで滑稽なお面を被っているように見える。画には〝酔いどれ〟という無記名の説明がついている。その通りである。滑稽なお面だけでなく日本的な歓びのすべてについていえることなのだが、そこにはまさしくヨーロッパのぶどうの収穫期に、たわわになったぶどうの房と馬鹿騒ぎの中で行なわれる、あの異教的な道化芝居を思わせるものがある。同行のフランス人旅行者――彼はホラティウスとラブレーの愛読者である――がこう言ったのもまさにそのせいであろう。「君たち酒飲みの人々よ、大和の黄色い兄弟たちよ、もしかしてわれわれは、前世で一緒にぶどうを摘《つ》み、古代ローマのぶどう棚の下で盃を酌み交わしたことがあるのではなかろうか。というのは、君たちの酔い方がわれわれの昔の愉快な酔い方にそっくりだからだ。」

このように酒を飲んで大騒ぎするのは民衆だけであるとか、野卑なものであるなどと思ってはいけない。大和の神々もまた、彼らの聖なる兄弟であるオリンポスの神々と同様、飲み、笑い、踊るからである。ロシ（福禄寿？）は頽廃した古代ローマのバッカスのようにずんぐりとした小太りの神である。彼は踊ることと飲むことしか考えない。彼の最大の悩みは、その短い腕では禿げ頭にとまっている蝿を追えないことだ。その後ろにいる太っちょの大黒天も劣らず愉快な神である。彼は米俵と酒徳利の間に寝ており、性悪なねずみたちに米を食べられるのをいつも心配している。またその後ろには恵比寿がおり、肩にかついだ釣り竿の先に大きな魚がかかっている。魚は、この大食漢の聖なる釣り手から自分を助けてくれるものはいないかと必死になって宙に跳ねている。最後の四番目の神つまり幸運——いつもかならず笑いと富をともなっている幸運——の神は、敬愛すべきそして現に人々に敬愛されている布袋《ほてい》である。布袋は広場で寝ていたり、子供たちと遊んだりしている。黄色人種のオリンポス山で笑っているのは彼らだけではない。他の神々も、いささか表情は重々しいが、人間的な食欲や情熱をもっており、ご馳走がならぶ宴会や淫猥な愛の行為や大笑いなどをする。

しかし、誰でも知っているあのおかめの面ほど、日本的な滑稽と笑いを的確にあらわしているものは他にないだろう。小太りで派手で、目は小さく、何でもよく食べそうな口許をしているおかめの面は、どこにでも見られ、あらゆる日用品についてまわり、民衆のお守りのようになっている。これに気づいたある敬愛すべき旅行者は、大和の真の主人はアリストファネスだと言い切った。

芝居と祭り

まさにアリストファネスである。実際、誰でも東京の劇場に入ってみれば、上演されているのがアリストファネスの『女の議会』か『リシストラタ』に違いないと言うだろう。二階の立ち見で見物している貧乏人から桟敷《さじき》で扇子を使っている金持ちにいたるまで、皆笑い通しだからだ。奥のギリシア的な簡素な飾りつけをした舞台では、四、五人の役者がペプロス（古代ギリシアの女性用上着）に似た白い衣装をまとって大げさな身振りをしている。こうした芝居を観たアルベール・ブスケは「これはまるで古代ギリシアだ」と言ったし、ミットフォードもある夜、劇場から帰るとこう書き記した。「私は古代のアテネにいる」と。

そして私はといえば、東京の生活に慣れ親しむにつれて異教的な甘美な感動を味わうようになっていた。日本人の肉体訓練への嗜好と、一般大衆の威厳のある優雅さ、庶民の詩的感覚、英雄譚への国民的熱狂ぶり、そして何にもまして、楽しむ人々の開放的な喜び方、これらすべてが古代ギリシアを彷彿とさせる。祭りのときの芝居を見るとよい。それは皆のもので、貧乏人のものであり、農民のものであり、戸もなければ、座席もない。舞台に車がついている。村祭りでこれを初めて目にしたとき、ブスケは声を上げてこう言った。「これはまるで、叫び声を上げ太鼓を打ちならす群衆に先導されてテスピス（ギリシアの詩人）その人がこっちへやって来るようではないか。うしろに六十人もの逞しい若者たちが歌いながら曳《ひ》く車を従えて、あのテスピスが来るようではないか。」その移動舞台の上で、即席の俳優たちが踊ったり、身振りをしたり、寓話を語ったり、滑稽な面をつけて寸劇を演じる。寸劇は抑制のきいた傍若無人さと適度の悪ぶりで聖と俗とを笑いとばす。

この大衆演劇の舞台には、侍と判官、貴族と学者、花魁と上流階層の婦人、寺僧と役人などありとあらゆる人間が登場する。いま、上演中のものを見てみよう。場面は寺。僧が正座して瞑想中である。そこに町人がいきなり入ってきて、嬉しげにこう言う。「女房が死にました。お坊様、どうか供養のために立派な戒名をつけてやって下さい。」僧は筆をとり聖なる文字を書き記すと、それを渡しながら「十円じゃ」と言う。町人は飛び上がる。「十円ですと。女房は生きていたときだってそんな値打ちはありませんでしたよ。」僧は冷やかにくり返す。「十円じゃ。」言い合いは洒落や身振りを交えながら延々とつづけられる。とうとう町人は財布からお金を出さざるをえなくなり、涙ながらにこうわめく。「今やっと女房が死んだのが悲しくなってきた。」もうおわかりだろうが、筋はあまり重要ではない。可笑しさは台詞のやりとりや身振り、言葉遊びや暗示の中にある。

もう一つ有名な出し物がある。ある修行僧が自分の部屋を出て、本堂へ向かっていく。兄弟子の部屋の前までくると、魚の匂いがするので立ち止まる。僧侶は野菜しか食べてはいけないことになっているので、部屋に入りこう尋ねる。

「何を召し上がっておられるのですか。」

「塩ジャケだ。」

「おや、さようですか。それで、そんな美味しそうな実がなるのはどんな木でしょうか。」

「木の実ではない。魚だ。」

「ほう。ということは私共も魚をいただいてよろしいということでございますね。」

「いいや、そうではない。わしは魚の魂をあの世へ送るために引導を渡してやっておるのだ。」

「魚に引導ですと。」

「そうだ。この魚は死んでおる。死んだものは枯れ枝と同じだ。これを水に入れたとて、すぐに泳ぎだすと思うか。故に、これは生きものではない。よって、有り難い引導を渡してこう言ってやっているのだ。『シャケや、わしの中に入れ。さすればわしと共に成仏できようぞ』とな。」

そこで修行僧は膝を折り、深々と礼をして立ち去る。彼は寺の池に行き、大きなヒラメを釣り上げ、これを油で揚げる。他の僧たちが詰め寄ると、この悪賢い僧はこう言う。

「エッヘン、どうってことはございませんよ。私はいま引導を渡しておるのです。私はヒラメに、『池の水の中では遠すぎて仏様を拝することもできなかろう。しかし、私の腹の中に入れば、一緒に仏様にお仕えすることができるぞ』と申しておるのでございます。」

次は大名の館が舞台である。ある大名が家来に金を与えて馬を一頭買ってくるように命じる。途中で家来は一人の詐欺師に出会う。詐欺師はこう言う。「わざわざ町まで行くことはありませんよ。お前様のその財布の中身で、何でも望みのものを出してくれる大黒様の打ち出の小槌を、私が売って差し上げますよ。」お人好しの家来は小槌を買って館へ戻る。話を聞いた主人は意地悪く、小槌から馬を出せと命じる。すると家来は、「五分以内に馬が出るはずでございます」と答える。大名はいったん退場するが、戻ってきてもおめでたい家来の姿しかない。そこで大名はこれを馬と思いこんだ振りをして、家来の背にまたがり舞台の上を這いまわらせる。

これら、日本人の容赦のない空想力で演じられる寸劇が、大衆の中に大笑いの渦を巻き起こす。その様子は豊国の芝居版画の中にも見ることができるが、日本人がいかに笑い好きで、からかい好きな国民であるかは、べつに大衆文学によらなくても知ることができる。宗教の実践そのものに歓びがある。国民の宗教の楽しげな様子は、ラフカディオ・ハーンも指摘しているように、驚嘆すべきものがある。寺の境内は楽しい市《いち》であり、柱廊では子供たちが笑い叫んでいる。

日光の神域にある建物には仏教の徳を表現した素晴らしい浮き彫りがある。思慮分別をあらわす口を塞いだ猿、信念を意味する目を覆った猿、俗界からの訣別をあらわす耳を塞いだ猿、黄金の袋から逃げ出して正直をあらわす猿の彫刻である。この有名な浮き彫りは、何世紀にもわたって大衆の想像力をかき立て、さまざまな姿態の猿が装飾美術に欠かせないモチーフとなった。刀の鍔《つば》をはじめ、煙管、煙草入れ、煙草盆、印籠、根付など、あらゆる日用品に猿の姿が見られる。猿は人間の滑稽さのシンボルなのだ。日本人は猿に眼鏡をかけ、兵士や僧侶の衣服を着せ、瞑想的な、あるいは勇ましい行為をさせ、その毛深い手に竹の釣り竿を持たせて川岸に座らせたり、目を光らせ鼻面をにやけさせた口説きの姿態をさせ、戦わせ、酒に酔わせ、三味線を弾かせる。猿の次には魚がくる。とてつもなく精密な漫画風のある画では、ウナギが娼婦の艶めかしい身体つきをし、エボシガイが立派な侍に描かれている。また、滑稽画には蛙もよく出てくる。蛙が立ちあがり、いかにあでやかな身振りで踊り、太刀を振りまわすか、また、あたかも丸く広がった油滴のごとくに画面一杯に腹をふくらませるか、まさに一見に値する。このような絵の真価は、表現の仕方や斬新さよりも、おそらくその量の多さにあると思われる。

日本人の日常生活の一部となっているこの透明な笑い、個人の生活のあらゆる場で飛びかう大笑いは、彼らの国民性を示すものであるが、また、人間が極端なほどの丁寧さや儀礼や桁外《けたはず》れの矜持をもつと同時に、底抜けなユーモアをも持てるものだということを示している。

訳者あとがき

本書は、*"El Japón Heroico y Galante"* 1959 を翻訳したものです。

著者、エンリケ・ゴメス・カリージョは一八七三年グァテマラ市に生まれ、一九二七年パリで亡くなりました。冒頭の小林一宏氏による解説文にもありますように、ゴメス・カリージョは当時のヨーロッパにおける著名なクロニスタ（報道文学者）でした。彼が一九〇五年にスペインの新聞エル・リベラル紙とアルゼンチンのラ・ナシオン紙に連載した帝政ロシアからの通信文、とくにツァーの体制下で行なわれた大量殺戮を報告した文章は、世界を震撼させ、これがボルシェビキの革命を鼓舞し、社会主義を勝利へ導いたといわれるほど大きな影響力をもちました。一方、大国ロシアとの戦いに勝って西欧諸国を唖然とさせた日本は、当時ヨーロッパ中の注目の的となっていました。クロニスタである著者がその日本に大きな関心をもち、日本への長旅を思い立ったのはごく自然な成り行きだったといえるでしょう。

こうして、グァテマラ側の資料によりますと、著者は一九〇五年七月マルセーユ港からフランス船シドニー号に乗って出航、エジプト、インドを経由し日本へと向かいました。このときの道中記は翌年『マルセーユから東京へ』(*"De Marsella a Tokio"*)となって上梓されましたが、その中で彼は、アジア人の労働耐久力と実務能力、および商いの正直さと優れた適応能力を評価し、アジア諸国の現在の隆盛をはやくも予見しています。船はサイゴン、上海、韓国などに寄港しながら、八月末に横浜港に到着。汽車で新橋へ向かう場面から、この旅行記『誇り高く優雅な国、日本』がはじまります。九月五日には、日露講和条約に不満をもった群衆が暴徒と化した〝日比谷焼討ち事件〟に遭遇するなどして、たしかな滞在日数はわかりませんが、ほぼ二か月後にはフランスへの帰途についたようです。その帰路の旅先から、彼はパリにいる友人のルベン・ダリーオ(ニカラグアの大詩人)にあてた手紙の中で、「もしあなたが私の葬式で弔辞を述べるようなことがあったら、私の魂が東洋の芸術家のそれであったということ、そして金色に輝く漆で大和の花や小鳥や娘たちの姿を描きたいと願っていたということを忘れずに人々に伝えてほしい」と書き送っています。

ゴメス・カリージョは人生の大半をフランスで暮らしました。しかし、彼の祖国であるグァテマラでは、後のノーベル賞作家ミゲル・アンヘル・アストゥリアス(一八九九〜一九七四)とともに国を代表する著名な文学者として、いまでも彼の名前を冠した公園や学校がいくつもあります。没後、ヴィクトル・ユゴーやショパンの墓があるパリの名高い墓地に埋葬されましたが、最近その遺骨をグァテマラへ移そうという運動もおこっています。

本書には、著者が感激のあまりに用いたオーバーな表現や、ときにはあきらかに誤りと思われる部分がいくつか含まれています。しかし、それがあまり気にならないのは、彼の対象を見つめるジャーナリストとしての鋭い眼に、ラテン人独特の暖かい優しさがこめられているせいでしょうか。現代の日本は、本書が出版された当時とはおおいに異なり、世界に冠たる経済大国として豊かな先進国の仲間入りをしています。著者が本書に書きしるした〝ハラキリ〟も、凄絶なほどの〝貧困〟も女性の〝奴隷的境遇〟も姿を消したようです。しかし、それと一緒に失われてしまった美質も多くあるように思われます。このあたりで昔を振り返ってみる、つまり外国の知識人を感動させたかつての日本人のあり様《よう》を、単なる尚古主義ではなく温故知新の心で見直してみるのは大切なことかもしれません。そんなときに本書がわずかでも役に立つならば、それはゴメス・カリージョが予想だにしなかった本書のあらたな意義になることと思います。

著者がローマ字で記述した日本語の名詞、とくに人名や地名のなかには判読が難しいものが数多くありました。前後の状況から推測し、できるかぎり漢字を捜しあててみましたが、ついにわからなかったものもあり、それらは片仮名のままにしておきました。漢字の他にも思わぬ間違いがあるかもしれません。ご教示いただけましたら幸いに思います。

本書の出版につきましては、スペイン政府のグラシアン基金から一部援助を得ました。関係各位に深くお礼申し上げます。元スペイン大使の林屋永吉氏からは、訳文に目を通して戴くことから出版にいたるまで言葉に尽くせないご尽力を戴きました。また素晴らしい序文を書いて下さった上智大学イベロアメリカ研究所所長の小林一宏教授、そして訳文への丁寧な加筆と小見出しをつけて読みやすくして下さった（財）たばこ総合研究センター石井和夫理事の皆様に心からお礼申し上げます。人文書院社長渡辺睦久氏と編集長の谷誠二氏にも一方ならぬお世話になりました。ここに厚くお礼を申し上げます。

二〇〇一年十月

児嶋桂子

訳者略歴

児嶋桂子（こじま・けいこ）

1944年　東京生まれ。

1967年　上智大学外国語学部スペイン語科卒。

1967年から70年まで在グァテマラ日本国大使館勤務。

グァテマラに在住して，マヤなどラテン・アメリカの歴史・考古・民族・民俗関係の文書の翻訳に従事している。

訳書に『ケツァル鳥の館』（文藝春秋，2001年）がある。

Printed in Japan.
ISBN 4-409-54061-0 C1039

誇《ほこ》り高《たか》く優雅《ゆうが》な国《くに》、日本《にほん》
——垣間見た明治日本の精神

二〇〇一年一一月二〇日　初版第一刷発行
二〇〇六年 五 月三一日　初版第二刷発行

著者　E・G・カリージョ
訳者　児嶋桂子
発行者　渡辺博史
発行所　人文書院
〒六一二-八四四七
京都市伏見区竹田西内畑町九
電話〇七五(六〇三)一三四四
振替〇一〇〇〇-八-一一〇三

印刷　冨山房インターナショナル
製本　坂井製本所

http://www.jimbunshoin.co.jp/